新时代高校思政课
改革创新的探索与实践

赵善庆｜著

九州出版社
JIUZHOUPRESS

图书在版编目（CIP）数据

新时代高校思政课改革创新的探索与实践／赵善庆
著．--北京：九州出版社，2023.4
ISBN 978-7-5225-1773-5

Ⅰ.①新… Ⅱ.①赵… Ⅲ.①高等学校—思想政治教
育—教学改革—研究—中国 Ⅳ.①G641

中国国家版本馆 CIP 数据核字（2023）第 069378 号

新时代高校思政课改革创新的探索与实践

作　　者	赵善庆 著
责任编辑	黄明佳　沧 桑
出版发行	九州出版社
地　　址	北京市西城区阜外大街甲 35 号（100037）
发行电话	（010）68992190/3/5/6
网　　址	www.jiuzhoupress.com
印　　刷	唐山才智印刷有限公司
开　　本	710 毫米×1000 毫米　16 开
印　　张	11
字　　数	173 千字
版　　次	2023 年 10 月第 1 版
印　　次	2023 年 10 月第 1 次印刷
书　　号	ISBN 978-7-5225-1773-5
定　　价	68.00 元

目 录
CONTENTS

第一部分 01

【理论研讨篇】

第一节 新时代中国共产党人初心和使命的多重内涵与时代价值

中国共产党人的初心和使命，就是为中国人民谋幸福，为中华民族谋复兴。这个初心和使命是激励中国共产党人不断前进的根本动力。习近平总书记既承接厚重历史又面向新时代新征程，提出用伟大斗争、伟大工程、伟大事业、伟大梦想托起党的新时代的历史使命，这就把党的历史使命提升到了一个崭新的境界，使我们能够从历史、理论、价值与实践等四个维度来正确认识、科学把握历史使命的时代内涵，进而步伐坚定地朝着这一伟大目标奋勇迈进。"不忘初心，牢记使命"，就是要统揽中国特色社会主义新时代"四个伟大"的新使命。"四个伟大"辩证统一、统筹推进，就是中国特色社会主义新时代赋予我们党的光荣使命。

一、深刻认识和把握新时代党的历史使命

（一）在历史和现实的统一中深刻理解新时代党的历史使命

中国共产党一经成立，就义无反顾肩负起实现中华民族伟大复兴的历史使命。民族复兴具有与时俱进的时代发展属性，它不仅是我们党在中华民族濒临危亡关头发出的决死呐喊，更是在带领中国人民实现从站起来、富起来到强起来全过程中作出的英明抉择，其内涵特征随着时代发展而不断丰富，因此必然对各个时期党的历史使命提出新的要求。

在党的十九大报告中，习总书记深情回顾 1921 年来我们党为实现历史使命付出的艰辛努力、取得的巨大成就。从必须推翻压在中国人民头上的帝国主义、封建主义、官僚资本主义三座大山，实现民族独立、人民解放、国家统一、社

会稳定，到必须建立符合我国实际的社会主义制度，再到必须合乎时代潮流、顺应人民意愿，勇于改革开放，让党和人民事业始终充满奋勇前进的强大动力。在革命、建设和改革的历史进程中，我们党团结带领各族人民历经千难万险，付出巨大牺牲，才得出了这一系列完成历史使命的规律性认识。也正是在这些规律性认识的指引下，我们党才紧紧依靠人民攻克了一道道难关，创造了一个个奇迹，为中华民族伟大复兴作出了彪炳史册的历史贡献。

党的十九大报告关于新的历史方位的重大判断使我们认识到，我国社会主要矛盾变了，但坚持社会主义初级阶段的基本路线始终没有变；我们面临的形势、任务和要求有新的发展，但中国共产党人坚持为中国人民谋幸福、为中华民族谋复兴的初心和使命始终没有改变；中国特色社会主义伟大事业站在了新的历史起点上，但党夺取伟大胜利的战略定力、政治定力始终没有变。在这个"变"与"不变"的重大历史关头，习近平总书记既承接厚重历史又面向新时代新征程，提出用伟大斗争、伟大工程、伟大事业、伟大梦想托起党的新时代的历史使命，这就把党的历史使命提升到了一个崭新的境界，使我们能够正确认识、科学把握历史使命的时代内涵，进而步伐坚定地朝着这一伟大目标奋勇迈进。

（二）理解把握实现新时代党的历史使命新要求

针对新时代对我们党的历史使命提出的新要求，习近平总书记在党的十九大报告中要求全党同志必须紧紧围绕实现伟大梦想去进行伟大斗争、建设伟大工程、推进伟大事业。这一重大理论概括，揭示了新时代我们党实现政治理想和政治目标的总方略，绘就了新时代伟大梦想的愿景蓝图，体现了奋斗目标、实现路径、前进动力的无缝链接，彰显了党、国家和民族三者前途命运的高度统一。

把伟大斗争、伟大工程、伟大事业、伟大梦想作为一个统一整体阐述新时代中国共产党的历史使命，是以更宽广的视野、更长远的眼光，来思考和把握党在新时代实现民族复兴所面临的一系列重大战略问题。具体来说，把进行伟大斗争提升到了一个新境界，要求使伟大斗争具有许多新的历史特点；把建设伟大工程提升到一个新境界，要求把党建设成始终走在时代前列、人民衷心拥护、勇于自我革命、经得起各种风浪考验、朝气蓬勃的马克思主义执政党；把推进伟大事业提升到一个新的境界，要求中国特色社会主义成就和功业更加卓越；把实现伟大梦想提升到一个新境界，要求奋力谱写社会主义现代化国家新征程的壮丽篇章。这些都体现了以习近平同志为核心的党中央在新时代的理论创新和实践创新，体现了中国特色社会主义理论体系与时俱进的丰富和拓展。

二、中国共产党人初心与使命内涵的四重维度

（一）把握初心和使命的历史维度

自鸦片战争以来，中国的知识分子和进步力量始终把强国富民梦想作为毕生奋斗目标。无论是洋务派的器物强国理论，还是秉承君主立宪精神的维新变法，抑或是在革命暴力基础上构建的资产阶级共和政体及其变种，还有第三种势力提出的"中间道路"，都不能从根本上回答和解决这个问题。究其根源，无外乎是理论的局限性和领导力量的软弱性。十月革命一声炮响，给中国送来了马克思列宁主义。中国先进分子在把马克思列宁主义同中国工人运动结合起来的过程中，中国共产党应运而生。中国共产党的成立，使得中国人民谋求民族独立、人民解放和国家富强、人民幸福的斗争就有了主心骨，使得这个奋斗目标第一次具有了现实可能性。

实现这个初心和使命，必须推翻压在中国人民头上的帝国主义、封建主义、官僚资本主义三座大山，实现民族独立、人民解放、国家统一、社会稳定。为此，我们党团结带领中国人民进行28年浴血奋战，打败日本帝国主义，推翻国民党反动统治，完成新民主主义革命，建立了中华人民共和国。

实现这个初心和使命，必须建立符合我国实际的先进社会制度。为此，我们党团结带领人民完成社会主义革命，确立社会主义基本制度，推进社会主义建设，完成了中华民族有史以来最为广泛而深刻的社会变革。

要实现这个初心和使命，就必须合乎时代潮流、顺应人民意愿，勇于改革开放，让党和人民的事业始终充满奋勇前进的强大动力。我们党团结带领中国人民进行改革开放新的伟大革命，极大激发广大人民群众的创造性，极大解放和发展社会生产力，极大增强社会发展活力，人民生活显著改善，综合国力显著增强，国际地位显著提高。

（二）把握初心和使命的理论维度

初心是使命的价值本源，使命是初心的实践归宿。不忘初心，牢记使命真正体现了马克思主义世界观和价值观的辩证统一、历史观和实践观的辩证统一。

不忘初心，牢记使命就是从理论上回答"我是谁"的问题。从中国共产党建党之初，就明确把实现共产主义作为自己的最高理想。正如习近平总书记指出的那样，中国共产党一经成立，就把实现共产主义作为党的最高理想和最终目标。在视察中共一大会址纪念馆时他又指出，这里是我们共产党人的精神家园。实现共产主义的理想和目标就是我们应当坚守的精神家园。对一个政党来说，精神家园就是全体党员共有的思想观念、理想信念，是共产党人的世界观、人生观、价值观的终极体现。共产主义是建立在辩证唯物主义和历史唯物主义哲学基础之上的科学理论，它不仅为正确分析社会发展问题提供了科学的认知方法，还为构建先进社会制度提供了实践指导。

牢记使命，就是从理论上回答"从哪里来""到哪里去"① 的问题。中国共产党自诞生之日起，就把中国人民的幸福和中华民族的复兴作为自己的奋斗目标。在党的七届二中全会上，毛泽东同志明确指出，夺取全国胜利，只是万里长征走完了第一步。共产党人不是李自成，革命胜利并不是使命的终结，它意味着打碎一个旧世界为建设一个新世界打下坚实的制度基础。中国人民不但可以不向帝国主义乞讨就可以生存，还要比他们过得更好。因此，毛泽东同志把执政比作一场考试。新中国成立之后，从如何摆脱被开除球籍的危险，到实现四个现代化的庄严承诺，再到全面建设小康社会的战略目标，一代代共产党人矢志不渝，接力赶考，不断交出一份份历史满意的答卷。党的十九大提出在全面建成小康社会的基础上分两步走，用十五年时间实现基本现代化，随后到21世纪中叶实现全面现代化的战略举措，这真真切切地体现了新时代中国共产党人的责任担当。

（三）把握初心和使命的价值维度

把握初心和使命的价值维度，就是要始终坚持人民立场。人民立场是中国共产党的根本政治立场，是马克思主义政党区别于其他政党的显著标志。共产

① 沈小平. 回答好"从哪里来、往哪里去"基本命题［N］. 兵团日报，2022-01-27.

党员要绝对忠诚于人民，必须忠实践行党的全心全意为人民服务的宗旨。必须把人民放在心中最高位置，坚持一切为了人民、一切依靠人民，充分发挥广大人民群众的积极性、主动性、创造性，为人民过上更加美好生活而矢志奋斗。忘记了人民，脱离了人民，我们就会成为无源之水、无本之木，就会一事无成。

坚持以人民为中心，必须坚持人民主体地位。秉承人民是历史创造者的马克思主义唯物史观，立足于人民是决定党和国家前途命运根本力量的科学判断并以此为依据，坚持发展社会主义民主政治，健全人民当家做主的制度体系，更好地坚持党的领导、人民当家做主、依法治国的有机统一。

坚持以人民为中心，必须坚持立党为公、执政为民。十八大以来作风建设的巨大成就说明，我们党始终坚持以人民为中心，永远与人民同呼吸、共命运、心连心。党除了最广大人民的利益之外没有任何私利。

坚持以人民为中心，必须体现在经济社会发展的各个环节。党永远把人民对美好生活的向往作为我们的奋斗目标。坚持把党的群众路线贯彻到党治国理政全部活动之中，以十九大主要矛盾的调整为主题，在经济、政治、文化、社会和生态文明建设的方方面面构建人民导向的价值认同和政策措施。

（四）把握初心和使命的实践维度

把握初心和使命的实践维度，就是在党的领导下矢志不渝地推进现代化建设。新中国成立初期，面对"一穷二白"的基本国情，毛泽东同志向全党发出号召，共产党人可以在一张白纸上画出人类满意图案。一代代共产党人正是不忘初心，牢记使命，在现代化建设征程中谱写了光辉篇章。

党的十八大以来，以习近平同志为核心的党中央，面对世界经济复苏乏力、局部冲突和动荡频发、全球性问题加剧的外部环境，面对我国经济发展进入新常态等一系列深刻变化，坚持稳中求进工作总基调，迎难而上，开拓进取，取得了改革开放和社会主义现代化建设的历史性成就。

在取得新成绩的同时，我们已然走进了新时代。新时代有新的指导思想，新时代有新的使命担当，新时代有新的战略部署。十九大规划的蓝图已经绘就，目标就在前方，全面建成小康社会即将实现，现代化的新征程即将开启。全党要坚持以习近平新时代中国特色社会主义思想为指导，坚决维护党中央权威和集中统一领导，脚踏实地，朝着建成社会主义现代化强国目标奋勇前进！

三、不忘初心、不辱使命，肩负起"四个伟大"的新使命

"不忘初心、牢记使命"，就要统揽中国特色社会主义新时代"四个伟大"的新使命。

中国近代以来面临民族独立、人民解放和国家富强、人民幸福两大历史任务，以及实现中华民族伟大复兴的历史使命，在中国特色社会主义新时代具体地体现为"四个伟大"的新使命。这里面，伟大斗争、伟大工程、伟大事业、伟大梦想紧密联系、相互贯通、相互作用，起决定性作用的是党的建设新的伟大工程。"四个伟大"辩证统一、统筹推进，就是中国特色社会主义新时代赋予我们党的光荣使命。

"不忘初心、牢记使命"，就要统筹推进"五位一体"总体布局，协调推进"四个全面"战略布局，分两步走在21世纪中叶建成富强民主文明和谐美丽的社会主义现代化强国。从全面建成小康社会到基本实现现代化，再到全面建设社会主义现代化强国，是新时代中国特色社会主义发展的战略安排。其中，从2020年到21世纪中叶可以分两个阶段来安排：第一个阶段，从2020年到2035年，在全面建成小康社会的基础上，再奋斗15年，基本实现社会主义现代化；第二个阶段，从2035年到21世纪中叶，在基本实现现代化的基础上，再奋斗15年，把我国建成富强民主文明和谐美丽的社会主义现代化强国。

要实现这个新时代的新目标，就要坚定不移地高举改革开放旗帜，勇于全面深化改革，不断把改革开放推向前进。要紧扣我国社会主要矛盾新变化，统筹推进经济建设、政治建设、文化建设、社会建设、生态文明建设，坚定实施科教兴国战略、人才强国战略、创新驱动发展战略、乡村振兴战略、区域协调发展战略、可持续发展战略、军民融合发展战略，突出抓重点、补短板、强弱项，特别要坚决打好防范化解重大风险、精准脱贫、污染防治这三大攻坚战，决胜全面建成小康社会。要实现推进现代化建设、完成祖国统一、维护世界和平与促进共同发展三大历史任务，就要全面提升物质文明、政治文明、精神文明、社会文明、生态文明，实现国家治理体系和治理能力现代化，提升综合国力和国际影响力，基本实现全体人民共同富裕。

"不忘初心、牢记使命"，就是要按照"新时代党的建设总要求"，加强党

对一切工作的领导，加强党的政治建设，全面从严治党。

中国特色社会主义进入新时代，我们党一定要有新气象新作为。党的十九大在党的建设理论创新方面的最大亮点，就是鲜明地提出了"党的建设总要求"，把坚持和加强党的全面领导作为根本原则，阐释中国特色社会主义最本质的特征是中国共产党领导、中国特色社会主义制度的最大优势是中国共产党领导；把坚持党要管党、全面从严治党作为根本方针，宣告全面从严治党永远在路上，要坚持问题导向、保持战略定力，推动全面从严治党向纵深发展；以加强党的长期执政能力建设、先进性和纯洁性建设为主线，要求全面增强执政本领。

"新时代党的建设总要求"把党的政治建设摆在首位。保证全党服从中央，坚决维护党中央权威和集中统一领导，是党的政治建设的首要任务。要牢固树立政治意识、大局意识、核心意识、看齐意识，在思想上政治上行动上与以习近平同志为核心的党中央保持高度一致。加强和规范党内政治生活，增强党内政治生活的政治性、时代性、原则性、战斗性，发展积极健康的党内政治文化，营造风清气正的良好政治生态。

"不忘初心、牢记使命"，就是要用习近平新时代中国特色社会主义思想武装全党。在全党开展"不忘初心、牢记使命"主题教育，就是要深刻学习领会习近平新时代中国特色社会主义思想的历史地位和丰富内涵，贯彻落实习近平新时代中国特色社会主义思想的"八个明确"、新时代坚持和发展中国特色社会主义基本方略的"十四个坚持"。学习贯彻党的十九大精神，学好领会习近平新时代中国特色社会主义思想，学好新党章，就是要在学懂、弄通、做实上下功夫，用党的创新理论武装头脑、指导实践、推动工作。

使命呼唤担当，使命引领未来。只要全党同志不忘初心、牢记使命，团结一致、永远奋斗，中华民族伟大复兴的巨轮就一定能够胜利驶向光辉的彼岸。

第二节　新时代大学生爱国主义教育的多重内涵新解

《新时代爱国主义教育实施纲要》既是指导大纲，同时也是宣言书，它不仅为爱国主义教育提供了思想理论以及方法论上的指导，也意味着爱国主义教育进入一个新时期，发展到一个新高度。新时代爱国主义教育是在创新继承爱国主义教育历史和传统的基础之上，培养既能担当历史重任也能完成时代新任的建设者和接班人。正所谓"青年兴则国家兴，青年强则国家强"①，新时代大学生爱国主义教育具有双重的历史意义和现实意义。

一、新时代大学生爱国主义教育的新使命

爱国主义既是亘古不变的优良传统，也是历久弥新的时代主旋律。在中华民族五千年文明的淬炼中，爱国主义成为中华民族的民族血脉和精神底色；在中国人民前途道路的探索中，爱国主义成为中国人民的精神旗帜和动力源泉。

（一）继承和发扬爱国主义传统

中华民族自古就具有优良的爱国主义传统。自给自足的农耕文明使中国人民与土地、故乡以及国家产生了依赖和情感；家国一体的政治结构让中国人民形成了天下兴亡匹夫有责的家国之情；儒家传统思想引导中国人民树立忠君爱国、协和万邦的思想意识。正因如此，早在古代，中国人民就展现出弦高犒军、戚继光抗倭等反抗民族压迫与侵略的爱国之举。而近代在遭受列强入侵时，中

---

① 决胜全面建成小康社会　夺取新时代中国特色社会主义伟大胜利——在中国共产党第十九次全国代表大会上的报告［M］. 北京：人民出版社，2017：70.

国人民也进行了反侵略的爱国斗争，从民间自发的三元里抗英到爱国官兵的甲午中日战争再到全民族统一抗战，展现出了一种原生态的爱国主义精神。在进行社会主义建设时，中国人民积极投身于实现社会主义现代化的伟大实践，在继承革命斗争精神的基础之上，涌现出如红旗渠精神、奥运精神等具有时代特点的爱国主义精神。

新时代爱国主义教育以实现中华民族伟大复兴为目标导向，立足中国特色社会主义进入新时代这一时代背景，承担起引导青少年尤其是当代大学生在时代发展过程中不断继承和发扬爱国主义传统，并将其创造性转化为具有爱国底色的时代精神。如靠着步行和自行车日夜兼程奔赴武汉战场的最美逆行者甘如意；推迟婚礼前往湖北抗疫一线的护士王珲等，青年一代成为抗击疫情中的主力军，展现出了强烈的爱国担当，体现了以爱国主义为底色，将科学精神与时代精神有机结合在一起的抗疫精神。

（二）培养担当民族复兴的时代新人

青年是每一个时代的接棒人，是爱国担当的生力军。在革命战争年代，青年是救亡图存的一代，在国家和民族危难之际掀起了一场伟大的五四爱国革命运动，以其磅礴之力将爱国主义运动推向高潮。此后，一批批有志青年纷纷投身于革命斗争中，在广州起义中英勇牺牲年仅 24 岁的共产党员尹沛霖；有严刑拷打仍坚定革命信念英勇就义的王德三、王复生兄弟等等。在社会主义建设时期，青年是建设国家的一代，拒绝国民党的邀请投身于新中国的建设，更有一大批像钱学森那样的海外学子冲破重重阻力回到祖国，投身于中国的科学事业报效祖国。在社会主义现代化建设新时期，青年是强国富民的一代，平均年龄35 岁的北斗团队，有中国 5G 技术最年轻的核心研发人员申怡飞，像他这样的青年，在平凡的岗位上实现自我价值的同时展现出青年一代的爱国担当。历史证明，"中国革命、建设和改革事业，就是由一代又一代新人的接续奋斗而取得成功的"[①]。

正因如此，中国共产党自成立以来始终把育新人摆在重要位置，根据所处

---

① 王炳林．培养担当民族复兴大任的时代新人［EB／OL］．http：∥ex.ssn.cn/sxzzjypd/ sxzzjypd_ glgzyj/201811/t20181122_ 4779709.html.

的时代背景提出相应的培育目标和要求。进入新时代后，党中央基于历史与时代双重任务的考虑，指出青年一代的使命就是与中国共产党和中国人民同心同向同力，一起实现中华民族伟大复兴的中国梦①。同时，这也意味着新时代爱国主义教育所要培养的人是能够担负起民族复兴的时代新人，这就要求当代青年必须深刻了解当前中国所处的新时代背景和方位；明确其身上肩负的历史重任和时代新任；展现出青年的爱国担当与责任。为此，新时代青年既要有足够的信心去相信民族伟大复兴中国梦一定能够实现，也要学习专业知识，提升职业技能，坚定不移地为实现中国梦奋斗。

二、新时代大学生爱国主义教育的新要求

基于对中国特色社会主义新时代这一时代背景的把控，新时代爱国主义教育应以实现中华民族伟大复兴的中国梦为其主题，以爱国和爱党、爱社会主义高度统一为其本质要求，从而确保大学生的教育和成长向着正确的方向进行。

（一）以实现中华民族伟大复兴的中国梦为主题

首先，实现中华民族伟大复兴的中国梦为新时代爱国主义教育提供目标导向。就国家层面而言，要想实现民族伟大复兴需要完成两大历史任务，当前已经完成了第一个历史任务，正朝着实现社会主义现代化强国努力，这就要求新时代爱国主义教育要引导新时代大学生拥护党的核心领导地位，坚持中国特色社会主义方向，为国家第二个百年奋斗目标努力奋斗。就民族层面而言，要想实现民族伟大复兴需要铸牢中华民族共同体意识，这就要求在开展爱国主义教育的时候要突出民族团结教育，引导大学生与各民族友好相处，从而激发民族自信心以及自豪感，从而形成多元一体化的爱国主义情感。就个人层面而言，中国梦集中体现着人民群众对美好生活的向往，是唤起爱国主义传统的清醒剂，也是传承爱国主义精神的营养剂。这就要求爱国主义教育不仅要从小抓起，还要贯彻到大中小一体化思政教育中，更要贯穿各学科体系之间。

其次，实现中华民族伟大复兴的中国梦需要爱国主义教育为其提供战略支撑。当前，我们处在实现民族复兴的新时代，我们不仅有足够的能力去实现这

---

① 习近平在纪念四五运动 100 周年大会上的讲话［N］. 人民日报，2019-05-01.

一目标，但也面临着来自经济全球化、社会思潮以及自媒体等带来的挑战与危险。经济全球化使世界各国之间联系越来越紧密的同时，也带来了民族认同危机和国家安全危机，爱国情感淡化、中华民族共同体意识削弱。各种社会思潮碰撞交流的同时也对大学生的思想意识造成了不良的影响，如：历史虚无主义通过虚构、歪曲历史将中国共产党与国家以及社会主义之间的关系割裂开来，从而动摇大学生内心的爱国之情、拥党之念和实现社会主义的信心。自媒体在带来便利生活的同时也给大学生的身心健康以及思想意识造成消极影响，也给国家信息安全带来威胁。这就给中国梦的实现带来了严峻的挑战。因此，需要高举爱国主义旗帜，激发社会各界人士的爱国热情，将中国人民紧紧团结在党的领导下为实现中华民族伟大复兴贡献自己的力量。

（二）以爱国和爱党、爱社会主义高度统一为本质

"爱国和爱党、爱社会主义高度统一于五四运动以来历史发展逻辑之中，高度统一于实现中华民族伟大复兴的历史实践之中。"① 为此，中国的爱国主义是以党的领导为核心在革命建设改革的过程中产生出来的具有社会主义性质的爱国主义。

中国共产党是爱国主义实践的领导核心，爱国必然爱中国共产党。回顾党的百年历程，中国共产党诞生于民族危亡之际，自成立起就担负起实现民族复兴的伟大重任，带领中国人民进行了 28 年武装斗争。虽然中途遭遇到大革命失败后大量党员被捕被杀；反围剿失败被迫长征一路艰险；日本帝国主义侵略的民族危机等种种阻碍，但并没有动摇中国共产党反帝反封建的革命目标，他们依然高举爱国主义旗帜，团结带领中国人民取得最后的胜利。

社会主义是当代中国的必然选择，爱国必然爱社会主义。当中华民族面临着救国存亡的民族危机时，中国人民纷纷对国家的出路进行探索，直到中国共产党的成立，为时代发展指明了社会主义方向。此后，在党的带领下，中国人民在探索社会主义发展的道路中创新继承和发展爱国主义传统，从为社会主义在中国的发展扫清历史障碍到探索出一条符合国情的中国道路；从贫穷落后的社会主义国家到世界第二经济大国，党带领人民不断朝着社会主义现代化国家

---

① 黄相怀．坚持爱国和爱党、爱社会主义高度统一［N］．解放军报，2019-05-24（7）．

的目标不断前进，在这一过程中，爱国主义也被不断融入中国特色社会主义之中并成为其不可或缺的一部分，爱国主义也成了历久弥新的时代主旋律。

三、新时代大学生爱国主义教育的新模式

《新时代爱国主义教育纲要》突出开展不同层次、不同范围以及不同内容的爱国主义教育，为此，新时代爱国主义教育需要构建内容全方位、过程多层次以及理论与实践相统一的新模式。

（一）开展全方位多层次的爱国主义教育

明确爱国主义教育的基本内容，深化全方位的教育内容。通过"四史教育"引导当代大学生学习中国历史，尤其是近代以来的历史，因为只有在掌握了一定的史实基础之上，才能深刻理解来时路，从而更加坚定去时路。通过红色传承教育，带领大学生重温红色记忆，发扬优良革命传统和精神，从而传承红色基因。通过优秀传统文化教育，引导当代大学生在了解和学习传统文化的同时，能够挖掘其背后的爱国意识和爱国情怀，在实现传统文化时代性发展的同时，进一步开展爱国情怀教育。通过国防教育和国家安全教育，在了解国家安全知识的基础之上提升大学生的国家安全意识，引导大学生在树立正确的国防观念的基础之上履行国防义务。通过以上四个基本方面的教育，既实现了历史知识、传统文化知识以及国家安全知识的理论结合，也实现了传统文化、红色文化、军队文化的史事结合，更实现了理论知识与历史知识的史论结合。

明晰爱国主义教育的逻辑层次，体现多层次的教育过程。爱国情感是由知、情、意、行四个部分构成的心理结构，爱国情感的培养有一个明确的逻辑层次和过程，这就要求教育者在对大学生开展爱国主义教育的时候要兼顾"知、情、意、行"四重维度①。"知"就是要知道中国的基本情况，了解我国所处的历史新方位和国际形势，从而与时代同呼吸共命运。"情"就是抵御民族虚无主义与历史虚无主义的不良影响，培养理性的爱国之情，坚定爱国追求，树立爱国情操。"意"就是强国之志，明白实现中华民族伟大复兴的艰巨性，从而引导他们

---

① 徐国亮，邓海龙．新时代青年爱国主义教育的四重维度［J］．马克思主义理论学科研究，2020，6（01）：126-133.

敢于直面挑战和风险，发扬百折不挠的革命精神。"行"就是报国之行，积极鼓励学生在实现梦想和奋斗目标的过程中，承担起中华民族伟大复兴的使命，为全面建成现代化强国付出自己的实际行动。

（二）开展理论与实践相统一的爱国主义教育

高校思想政治理论课是爱国主义理论教学的主渠道，通过教师说理和学生思考之间的良性互动开展爱国主义理论教学；"通过多课高效联动推进爱国主义教育形式创新，既协同联动，又各有侧重，不断筑牢爱国主义教育主阵地"①。以纲要课为例，通过学习"四史"深入了解中国人民和历史选择马克思主义、选择中国共产党、选择社会主义道路以及选择改革开放的原因和过程，发现其所蕴含的历史规律和经验。引导学生在思考问题时将其放在长时段的历史时空里去理解和分析，从而树立学生的大历史观。

爱国主义教育基地是爱国主义实践教学的主阵地。由于国家政策和价值导向的影响，爱国主义基地的作用日益重要，也成了高校爱国主义教育的必然选择。如近期在全国各地掀起的参观红色遗迹、重走红军路、唱红歌等形式多样的红色教育，弘扬传承不屈不挠、勇往直前的长征精神。重大纪念活动或者传统节日是开展新时代大学生爱国主义教育的重要时机，如在新中国成立70周年之际，各地高校唱响《我和我的祖国》为祖国献礼，通过仪式礼仪的展示，让学生在直观生动的体验中润物细无声地接受爱国主义教育。学生在现场的参观体验以及宣传人员讲解的过程中润物细无声地接受了爱国主义教育，相比课堂理论教学，实现了传统教育与休闲方式的有机结合、理论教学与实践教学的有机统一，做到了寓教于乐。

正因如此，许多高校与爱国主义教育基地合作，在进行课堂教学的同时，组织学生到爱国主义教育基地参观学习体验现场教学后进行演讲、宣讲，实现理论学习与实践养成有机结合，构建理论与实践相统一的爱国主义教育模式。

结 语

基于时代主题以及社会矛盾的变化，爱国主义教育被赋予了新使命、新模

---

① 王炳林. 培养担当民族复兴大任的时代新人［EB/OL］. http：//ex. ssn. cn/sxzzjypd/sxzzjypd_ glgzyj/201811/t20181122_ 4779709. html.

式，对其也提出了新要求。新使命和新模式解决了当前爱国主义教育培养什么样的人以及怎么培养人的问题，新要求回答了中国当前的爱国主义是一种什么样的爱国主义的问题。为此，新时代爱国主义教育呈现出的总体要求就更加明确化，教育内容和教育方法具有更加时代化的特征。当前，中国开启了实现社会主义现代化的新征程，这是继第一个百年奋斗目标之后的又一个伟大挑战，这就要求新时代爱国主义教育要为其凝聚并激发人民力量，为接续实现第二个百年奋斗目标提供动力源泉。

第三节 新时代高校思想政治理论课教学评价体系的构建

党的十八大以来，习近平总书记关于教育的一系列重要表述都深刻地阐释了教育的重要作用，高校作为培养人的重要载体，在其中发挥着重要作用。在立德树人和巩固意识形态指导地位的载体中，高校思想政治理论课是主渠道，是关键课程。近年来，对高校思想政治理论课的课题研究成果较为丰硕，其研究视角、研究方法都在不同程度上有所创新。研究视角从单一学科转向教育学、心理学的跨学科视角，切入点也转向了更小切口的课堂教学、实践教学。研究对象也从比较宏观的教学评价过程转向对教学质量、教学有效性、思想政治理论课教学考核方式等①。但是，也应该看到，对于高校思想政治理论课教学评价的研究还有不足之处，一是对高校思想政治理论课教学评价的进展缺乏客观性评价。二是对其重复论述，方法和标准的运用和制定不够全面和科学。因此，本文将对高校思想政治理论课教学评价的现状进行梳理，并从评价主体、方法和标准构建评价体系。

一、高校思想政治理论课教学评价的现状

要建立科学的思想政治理论课教学评价体系，在明确概念的同时，还应该了解其现状，即当前教学评价中的合理部分及缺陷或不足之处，再"对症下药"，给出相应的建议或措施。

---

① 陈艳梅. 高等学校思政课教学质量监控体系与保障机制研究［J］. 教育教学论坛，2015（51）：36-37.

第一，随着思想政治理论课地位的提升，教学评价重视度有所提升。

从《教育部等部门关于进一步加强高校实践育人工作若干意见》等一系列文件的发布，到习近平总书记在哲学社会科学座谈会上的讲话、全国高校思想政治工作座谈会、全国宣传思想工作会议讲话、全国教育大会的召开再到学校思想政治理论课教师座谈会的重要讲话精神，思想政治理论课在培养德智体美劳全面发展的社会主义合格建设者和接班人的作用越发凸显。因此，作为教学活动重要环节的教学评价作用也就越发凸显。2018 年教育部发布关于印发《新时代高校思想政治理论课教学工作的基本要求》的通知，指出把高校思想政治理论课教学工作摆在更加突出的位置，更加重视加强和改进教学管理，更加重视提升教学质量，不断提升思想政治理论课的亲和力和针对性①。加强了高校思想政治理论课的宏观指导。

第二，教学评价者呈现多元参与。

高校思想政治理论课的教学评价者从单一主体逐步转向更加多元的主体参与。通常来说，教学评价的主体主要有上级部门以及思想政治教育所指向的对象——学生。上级部门通过教学成绩、测量表等评价教师的教学效果。学生作为教师教学的实施者，对于教师教学的接受度是教学评价的重要维度。近年来，通过文献梳理，可以看出教学评价者也呈现出多元参与的倾向，如同行评价、网上评教等途径等。正是多元主体的参与，才能在一定程度上保证了评价的科学和公正。

第三，教学评价标准相对明确。

随着高校思想政治理论课教学评价的地位凸显，在教学评价标准的制定上也呈现出精确化的趋势。这种明确既有在宏观层面的评价原则的探讨，也有在微观层面的标准的制定以及评价体系量表的制定。北京理工大学戴志国教授就从建构原则和两级评价指标体系探讨了思想政治理论课教学指标体系的建构②。

---

① 新华网. 教育部关于印发《新时代高校思想政治理论课教学工作的基本要求》的通知：http：//education. news. cn/2018-04/26/c_ 129859868. htm.

② 戴志国，高校思想政治理论课实践教学评价体系建构［J］. 教育与职业，2015（25）：107-109.

二、高校思想政治理论课教学评价的困境

在梳理高校思想政治理论课教学评价的现状之后，应该辩证地看到高校思想政治理论课教学目前还存在教学评价主体多元性不足、专业性不足、评价方式发展性不足以及评价标准细化不足的困境，应对它们进行逐一阐述，为提出对策进行理论准备。

第一，教学评价主体多元性不足。

高校思想政治理论课教学评价主体尽管参与者有所丰富，但是也应该看到，评价主体的多元性仍然呈现出不足的现状。目前，高校思想政治理论课教学评价主要由上一级部门进行评价、学生通过纸质问卷或是网上评教对教学进行评价。应该看到的是，尽管上级部门的评价和学生评价在教学评价中占有重要地位，但是也有其无法克服的缺陷。对于上级部门和学生来说，评价者不可避免地具有偏好和主观性，这样教学评价的公正和客观性就难以评价。因此，需要多元主体的参与以及这种参与下的综合评价，寻求一种相对全面、客观、科学的评价。

第二，教学评价专业性不足。

高校思想政治理论课教学评价中另一突出问题是教学评价的专业性不足。如前所述，评价主体主要是上一级部门和学生。上一级部门的教学评价者主要由教学督导等组成，虽然说，教学督导对于教学评价有一定的经验和方法，但是不可否认，在教学督导人员的组成上，无法保证都具有思想政治理论课相关学科经历，这就导致了教学评价上的专业性不足。如果这一理论学养不足，其评价很难具有针对性，教师教学水平和整个思想政治理论课教学质量难以有效提升。对于另一评价主体——学生来说，在专业性上来说，不管是教学经历、知识积累、评价方式都是有所欠缺的。

第三，教学评价方式发展性不足。

高校思想政治理论课教学还存在评价方式发展性不足的问题。所谓评价方式的科学性，是指所谓教学评价方式发展性，是指用发展的眼光看问题。既应该重视评价结果，并根据评价结果及时进行教学方法、内容等上的调整。不可否认，当前高校思想政治理论课教学评价过度重视评价的结果，而忽视了对教

学过程的评价。应该看到的是，教学过程是教学结果的必经阶段，要想获得较好的教学结果，一定要在各个环节加以重视，发展地去看量的积累、教师能力的提升、教学水平的整体提升。

第四，教学评价标准细化不足。

高校思想政治理论课教学评价另一突出问题是教学评价标准细化不足。其教学评价标准的制定在标准内容的确定和标准的量化上呈现出细化不足。就教学评价标准的内容来说，它设置了两级指标，包括了以教师、学生、教学环境、教学管理与资源的一级指标和教师课程设计、教学实施、对学生的支持和促进、课后反馈。学生的认知、技能、情感。教学情境创设、教学管理、教学资源、相关政策的教学环境二级指标。尽管一、二级指标的设置为教学评价提供了方向性的指导，但是也应该看到，一、二级指标的评价标准可操作性不强，对于教学评价的实施者来说，还是过于笼统，缺乏针对性和可操作性。另一方面，评价标准的量化指标没有进一步的细化。对于高校思想政治理论课教学评价来说，其效果、质量不仅仅只有优秀和合格两个等级，优秀是极限，合格是底线，而对于大部分的教学来说，不能完全保证处在优秀等级，而合格等级的标准并不能激发高校思政课教师的积极性，这就暴露出了评价梯度设置不合理的问题。

第四，教学评价系统性不足。

高校思想政治理论课教学评价还存在系统性不足的问题。所谓系统性不足是指在评价体系中，在进行评价之后，缺乏反馈机制。尽管在思想政治理论课的教学评价中，评价主体进行评价之后，形成了总结性评价，但对于评价结果没有进一步加以利用，形成相关报告进行成因分析，提出对策建议的参考依据，实现对教学行为、教学者、教学水平进行一个有效反馈后的质量的提升。

三、新时代高校思想政治理论课教学评价体系的构建与对策

（一）注重多元评价主体的参与

高校思想政治理论课教学评价要构建新的教学评价体系，首先应该在评价主体的选择上更加的多元，除了传统的学生和上级教学管理部门的参与，还应

该设置同行教师、专家组的参与，保证评价结果的客观、公正和科学①。

第一，学生评价与专家组评价相结合。

高校思想政治理论课教学评价应将学生评价与专家评价相结合。学生作为高校思想政治理论课教育的对象，对于教学准备、教学实施和教学效果的参与者，是重要的参考指标，是教学评价的重要主体。因此，在其教学评价上，除了传统的问卷调查表的评价方式外，还可以采用网上评教的方式，收集评价数据，进行量化分析。此外，还可以进行"学生最喜爱的思政课教师评选"等活动，让学生有更多的参与感和获得感，充分发挥学生评价这一重要评价指标的作用。

专家在其教学评价中也有不可替代的作用，如前所述，高校思想政治理论课教学评价存在专业性不足问题，这是因为评价人员主要由上一级教学部门的人员组成，他们缺乏相应的学科基础，对于思想政治理论课这一学科的教学方式和教学规律了解和掌握不足，这就不可避免地在评价上专业性不足，为了克服这一弊端，应该成立思想政治理论课的专家评价小组，让这些具有相关学科知识和教学经验丰富的专家对思想政治理论课教学环节进行专业综合评价，针对性地指出不足并给出相应的建议，保证评价的专业度。

第二，教师自评与教师互评相结合。

高校思想政治理论课教学评价应该将教师自评与教师互评相结合。传统的教学评价方式，忽视了高校教师的参与权利。事实上，高校思想政治理论课教师作为教学的主体和实施者，有权利对自身教学质量和效果进行评价。一定程度上可以避免学生的主观性评价和评价目的和结果的偏差。并且对自身教学方式进行评价本身也是一个教学总结与反思的过程，能够督促教师总结、改进教学方法，提升教学效果。另一方面，高校思想政治理论课教学评价应该有一个教师同行互评的过程。教师同行作为教师一员，也是教学设计和教学过程的组织者和实施者，他们熟悉相关领域和教学一般规律，对于教学环节的设计和实施更为敏感，因此他们是教学评价结果的重要资料采集者，能够发现教学问题

---

① 宋成鑫，思想政治理论课实践教学评价指标体系的构建［J］．学校党建与思想教育，2015（2）：39-41.

和教学亮点，对教学过程给出更为细致和中肯的评价。教师互评不仅是一个对他人评价的过程，也是一个对照自身，不断提升和改进的过程。因此，高校思想政治理论课的教学评价应该将教师自评与教师互评有机地结合起来。

第三，加入社会评价，即第三方评价。

2018年教育部发布关于印发《新时代高校思想政治理论课教学工作的基本要求》的通知，指出要建立健全多元评价机制，采用教师自评、学生评价、同行评价、督导评价、社会评价等多种方式，对教师教学质量进行综合评价。在推动高等教育实现内涵式发展的大背景下，高校思想政治理论课教学应该更加的开放。让社会评价也成为教学评价的主体之一。这是因为高等教育是人民的教育，因此应该面向社会，接收检验。其社会评价的途径可以通过新媒体的发布和网课、公开课的录制和播放。其效果不仅能够传播马克思主义理论的基本方法原则、国家近现代史以及国家时事政策的解读，更能够接受公众、媒体的检验和监督。一堂成功的思政课应该具有思想、具有温度，用最简明语言阐述最具有深度的哲理。因此，在这一点上，普通大众和媒体应该参与到思想政治理论课的教学评价之中。

（二）运用科学评价方法

高校思想政治理论课教学评价主体是评价实施者的问题，教学评价方法的使用是达成教学评价的重要手段。其教学评价应该将质性评价和量化评价相结合、将过程评价与结果评价相结合。

其一，质性评价和量化评价相结合。所谓质性评价，是指在高校思想政治理论课的评价中，对教学过程中的教师、学生、教学内容、教学方法等进行定性评价。质性评价的优势在于能够对其教学过程中各个要素进行综合的整体性评价，能够帮助教师、教学部门了解整体概况。但质性评价也有其缺陷，即无法了解教学目标的达成程度，因此，这就需要量化评价对教学效果和质量进行数据的整理和分析，进一步了解学生满意度、知识掌握情况、教师课堂互动情况等。量化评价在一定程度上解决了教学评价标准细化不足的问题。通过数据的采集、整理、分析，能了解掌握教学目标的达成情况，对于改进教学工作、教学环境具有积极作用。

其二，过程评价与结果评价相结合。高校思想政治理论课教学评价应将过程评价与结果评价相结合。以往的教学评价，往往重视思想政治理论课教学结果，忽视教学过程的评价，如果缺乏对过程的评价，没有对过程持续观察和分析，仅仅根据结果进行评价，对于教师教学能力的提升以及思政课教学水平的整体提高并不明显。因此，在教学评价的过程中，应该对思想政治理论课的教学过程加以重视，对教学环节的设计、教学情境的创设、课堂互动情况等加以关注。结果评价最能直观反映教学效果和教学质量，因此，在重视过程评价的同时应该重视结果评价，通过对结果的评价，了解掌握思想政治理论课的教学情况，重视结果的反馈作用，及时对过程进行反思、分析、调整和改进，使过程评价和结果评价相辅相成。

（三）制定综合评价指标

高校思想政治理论课教学评价，在明确主体，运用一定方法和手段的同时，应该通过相应的科学指标进行评价。

第一，从教育学角度的三维目标进行评价。高校思想政治理论课教学，在关注学生智力和知识增长的同时，更重要的是培养大学生的学习能力，引导大学生树立正确的世界观、人生观、价值观。这与教育学所倡导的教学"三维目标"是非常吻合的①。所谓"三维目标"是指"知识与能力、过程与方法、情感态度与价值观"。在高校思想政治理论课教学评价标准中也同样适用。首先是知识与能力的目标。对于本科院校来说，高校思想政治理论课主要包括《马克思主义基本原理》《毛泽东思想和中国特色社会主义理论概论》《中国近现代史纲要》以及《思想道德与法律基础（法治）》四门课程的哲学内容和思想脉络的知识目标。其次，是过程与方法的目标，四门思想政治理论课最重要的是确立马克思主义的哲学观，运用马克思主义的立场、观点和方法去看待世界和解决问题。最后是情感态度和价值观目标，进行高校思想政治理论课的教学目的，是为了进一步增强青年学生的中国特色社会主义事业的认同感，培养社会主义的合格建设者和接班人。

第二，运用三级指标进行教学评价。高校思想政治理论课教学评价应该不

---

① 周蕴蓉. 高校思想政治理论课实践教学学生考核评价体系的构建［J］. 课程与教学，2013（6）：140-143.

断细化标准，运用多级指标进行评价。如前所述，其教学评价设置了教师、学生、教学环境、教学管理与资源的一级指标和教师课程设计、教学实施、对学生的支持和促进、课后反馈。学生的认知、技能、情感。教学环境、教学情境创设。教学管理、教学资源、相关政策的教学环境二级指标。就操作性和针对性来说，还可以进一步细化，设置第三级指标，包括了知识的了解与掌握、知识的运用、PPT制作、团队协作、认同感、课堂教学与实践教学、教学氛围的营造、教学的听课、评课、教师技能竞赛、教学设备和实践教学基地、国家政策、教育政策和教师政策等等。并对相关的指标进行分数和权重的设置，通过整理和分析，获得教学评价的一手数据和资料。

第三，将思想政治理论课的时效性作为重要指标。高校思想政治理论课教学评价应该将思想政治理论课的时效性纳入评价指标中。2018年教育部发布关于印发《新时代高校思想政治理论课教学工作的基本要求》的通知，指出要及时把党的理论创新成果融入教学中，保证思想政治理论课的时效性。再次强调了思想政治理论课时效性的重要作用，高校思想政治理论课设置是为了培养德智体美劳全面发展的社会主义建设者和接班人，党的最新理论创新成果是中国特色社会主义建设中的思想指南和理论精华的浓缩。因此，高校思想政治理论课应该注重其时效性，应对各种社会思潮的挑战以及网络新媒体的挑战，及时解决大学生思想中的困惑，帮助学生们澄清模糊认识，纠正错误看法，正确看待各种热点事件和错误思潮，帮助他们树立正确世界观、人生观、价值观，在思想政治理论课中有更多的获得感。

第四，将思想政治理论课与学科专业结合度纳入评价指标。高校思想政治理论课的教学评价应该将思政课与学科专业的结合度纳入评价指标。目前高校思想政治理论课在大学生中吸引力不足，一个主要的原因就是思政课的教学与大学生专业结合度不足，导致了大学生对于课程与专业认识不足，关心不足，指导意义和实践价值不足，这就需要将思想政治理论课与学科专业结合起来，做到因材施教。结合学生的知识水平、学科专业，在教学大纲的指导下，将思政课与学生学科专业有机地结合起来，讲授能够对这一专业学生职业生涯选择、人生规划、专业前沿动态有关的理论，结合国家实施政策的实施，引导学生关心国家前途命运；引导学生把握机遇，将个人成长与国家建设有机地结合起来；

引导学生学哲学，用哲学，树立哲学思维。

第五，将实践教学环节完成度纳入评价标准。实践教学在教学环节中是重要的一环，通过情景式、体验式的教学，能够促进学生对书本知识的理解，激发学生的爱国情怀和民族意识。因此，应该将实践教学的完成度纳入教学评价的指标之中。在实践教学中，重视教学资源的整合、利用以及融入。以《中国近现代史纲要》的教学评价为例，可以从实践开展情况，开展次数、参与情况、影响力等进行评价。从当地红色资源的开发、利用、整合程度进行评价。从红色资源融入课堂教学、红色资源教材读本的编写情况进行评价。

第六，将思想政治理论课教学评价反馈度纳入评价指标之中。高校思想政治课教学评价将评价的反馈度纳入评价指标之中，能够有效解决评价结果对改进教学工作效用发挥不出或发挥不足的问题。因此，应该将教学评价的反馈度纳入评价指标中，具体实施就是指：教学评价结果的生成、评价结果的对策建议的提出、评价结果对改进下一阶段教学的影响力、教学水平的提升度和改进度等综合因素。以此激发高校思想政治理论课教师的教学热情，提升高校思想政治理论课的教学水平。

结 语

新时代高校思想政治理论课教学评价在教学环节中发挥重要作用，要构建科学合理的教学评价体系，就要通过学生与专家组共同评价、教师自评与同行互评、社会评价等多元评价主体的参与、运用质性评价与量化评价相结合、过程评价与结果评价相结合的科学的评价方法以及明确"三维目标""三级评价指标"、思政课时效性、思政课与专业结合度、思政课实践教学完成度以及思政课教学反馈度的评价指标共同作用，改进和提升高校思想政治理论课的教学质量和教学效果。

第四节　全面提升习近平新时代中国特色社会主义思想"三进"《中国近现代史纲要》实效性的探索

中国共产党第十九次全国代表大会，是在全面建成小康社会决胜阶段、中国特色社会主义发展关键时期召开的一次十分重要的大会。认真学习宣传、贯彻落实习近平新时代中国特色社会主义思想和党的十九大精神，充分发挥思想政治理论课在大学生思想政治教育中的主渠道作用，将习近平新时代中国特色社会主义思想和党的十九大精神全面融入思想政治理论课教育教学全过程，切实做好习近平新时代中国特色社会主义思想和党的十九大精神"进教案（教学计划）、进课堂、进大学生头脑"（简称"三进"）工作，帮助大学生深入学习、把握习近平新时代中国特色社会主义思想和党的十九大精神，是高校思想政治理论课教育教学的核心任务。

一、提高政治站位　创新"三进"思路

中国近现代史纲要课（以下简称《纲要》课）贯彻落实党的十九大精神要立足于课程的性质、任务、脉络和框架，促进党的十九大精神的实质要义、丰富内涵和内容体系与课程的教学目标和教学内容实现合理转化和有机融合。

为此，我们要站在"中国特色社会主义新时代"这一历史方位，围绕"四个伟大""四个选择""四个自信"，重点把握"实现中华民族伟大复兴的中国梦"这一主题，彰显中国共产党人的初心和使命，突出展现中国共产党永远与人民同呼吸、共命运、心连心，永远把人民对美好生活的向往作为奋斗目标，继续朝着实现中华民族伟大复兴的宏伟目标奋勇前进的光辉历程，从而更好地帮助大学生正确把握近现代中国社会发展和革命发展的历史进程与中国特色社

会主义的紧密联系，帮助大学生深入了解国史、国情和世情，深刻领会历史和人民的"四个选择"，特别是中国特色社会主义的选择，帮助大学生认识中国共产党成立以来中国历史的主题和主线，树立对中国特色社会主义的道路自信、理论自信、制度自信和文化自信，最终促进大学生廓清思想上的误区，自觉抵制错误思潮的影响。

在党的十九大报告中，习近平总书记提出要引导人们树立正确的历史观、民族观、国家观、文化观，这应该成为《纲要》课教学最终的价值目标。一方面，习近平同志提出的"历史观、民族观、国家观、文化观"高度概括，提升了《纲要》课教学乃至整个思想政治理论课程体系的价值目标。正确的历史观与文化观首尾呼应，成为正确的民族观和国家观的必要前提和坚实基础。另一方面，要引导人们树立正确的历史观、民族观、国家观、文化观，就必须自觉抵制错误思潮的影响，尤其是历史虚无主义思潮、民主社会主义思潮和西方普世价值观的影响①。

二、常态协同推进 理顺"三进"机制

1. 设立教研小组，以教研室主任为小组长，承担该门课程的教师为组员，以集体备课为主要形式，定期开展以学习十九大精神为中心的教研活动，全面推进十九大精神在《纲要》课程中的"三进"工作，实现教研活动的制度化和常态化。

2. 开展多元化的教学教研活动。在课堂教学中，灵活采取讨论参与式、问题导向式等行之有效的教学法，探索十九大精神融入教学体系和教学内容的新方式和新举措；教研组组员既要有分工，又要有合作，不仅开展对十九大精神的专题研究，积极申报各类级别的科研项目，而且要形成该门课程有关十九大精神专题讲授的示范教案；同时，按上级各部门相关的文件精神，精选推荐教研组组员录制"示范课堂"。

3. 实践教学环节要建立与学校相关部门的协调配合机制。积极加强与党办、

---

① 刘丽敏. 以高度的文化自信涵育坚定的政治信仰———"中国近现代史纲要"课贯彻十九大精神的思考［J］. 思想理论教育导刊，2018（01）.

宣传部、教务处、学工部、研工部、校团委等部门的沟通配合，充分发挥各部门的优势，在课程实践教学中积极融入学校学习宣传贯彻习近平新时代中国特色社会主义思想和党的十九大精神的总体工作部署。

三、强化科研教研 夯实"三进"基础

1. 组织教研组组员开展十九大精神的理论研究。要求教研组组员积极参加各种层次的学术讲座活动、理论研讨会和座谈会，积极申报和协作攻关各类贯彻十九大精神的专项研究项目，提倡小组成员积极围绕十九大开展理论研究、撰写学术论文，参加省内外的各类学术研讨交流活动。

2. 教研的关键和前提：深刻领会和深入阐释习近平新时代中国特色社会主义思想和党的十九大精神。主要围绕以下核心问题展开：第一，十九大报告中提出中国特色社会主义进入了新时代。教研组成员要深入思考时代的概念、时代划分标准等问题。第二，十九大报告提出我国社会的主要矛盾发生了转化，但我们仍然处于并将长期处于社会主义初级阶段的基本国情没有变，这将成为中国共产党在确定未来理论创新和实践创新方面的一个主要依据。第三，十九大报告强调实现中华民族伟大复兴是近代以来我们最伟大的梦想。纵观十二大报告到十九大报告，很好体现了理论创新和实践创新的连续性；纵观中国近百年的历史，离开中国共产党，都无法对其进行解读。没有中国共产党的领导，民族复兴必然是空想。第四，十九大报告关于"习近平新时代中国特色社会主义思想"的论述，及其理论主题"坚持和发展什么样的中国特色社会主义、怎样坚持和发展中国特色社会主义"，是推动党的十九大精神进教材、进课堂、进头脑的根本遵循。第五，十九大报告提出的中国特色社会主义的基本方略共十四个方面，每个方面都是需要深入研究的课题。其中，基本理论是最核心的。在基本理论指导下，结合中国实际制定基本路线，在贯彻基本路线的过程之中，围绕着改革发展稳定、内政外交国防、治党治国治军实行基本方略。第六，十九大报告提出了新时代的战略步骤，与新中国成立初期的战略目标、战略步骤一脉相承，不同阶段有不同的重点任务，共同指向"让中华民族以更加昂扬的姿态屹立于世界民族之林"的目标。第七，十九大报告全面部署了新时代的新举措，涉及经济、政治、文化、社会、生态各方面，覆盖内政、外交、国防各

领域，需要结合今年政府工作报告进一步学习研究。第八，应该结合现在我国面临的世情、国情和党情，对如何总结改革开放以来、新中国成立以来、中国共产党成立以来的历史经验，如何深化对"新时代"的研究，如何深化对当今社会主要矛盾的研究，如何加强21世纪中国马克思主义的研究进行了阐述。当前，人类正进入不稳定性不确定性的时代，进入复杂社会和风险社会发展阶段，高校思想政治理论课教师应当为解释世界、改变世界作出应有的贡献。

3. 组织教研小组认真开展集体备课。各组员要形成"十九大精神专题解读"的教案和讲义，将十九大精神与《纲要》课程相关内容进行有机衔接和融合，将十九大精神全面融入该门课程的各章节之中；充分发挥教研组员的主动性和积极性，要求每一位老师围绕十九大精神，或精心设计一个教学专题，或精心撰写一篇高水平论文，或精心指导一次学生学习活动。

四、做真做实做细　提升"三进"成效

1. 全面融入、重点突破，将十九大精神全面融入《纲要》课程教学大纲。根据该门课程的内容和特点，找准找好结合点，及时将十九大精神融入课程的相关章节之中，明确讲授的重点内容，全面更新该门课程的教学大纲。同时，为学生提供简明扼要、重点突出的学习材料，形成统编教材与教辅资料相互衔接、互为补充的教材体系。推进党的十九大精神"进教案、进课堂、进头脑"，要从"面""线""点"三个层面把握。在"面"上要把握我国发展新的历史方位——中国特色社会主义进入新时代，启发学生认清历史方位的重要意义，帮助学生建立历史坐标，在"线"上要抓住中国共产党的历史使命这条主线，在"点"上要把十九大报告提出的新观点、新论断融入具体的教学内容。

2. 为中央修订该门课程新教材提供建议。认真研究党的十九大报告，积极关注理论界和学生思想变化的最新动态，形成关于思想政治理论课教材修订的调研报告，为专家组修订思想政治理论课教材提供合理建议。新教材启用后，要及时调查和反馈教材的使用情况，加强教学针对性。

3. 点面结合、突出实效，以专题教学为抓手，实现十九大精神"进课堂"的全覆盖。结合《纲要》课程的教学重难点问题，在课堂教学环节，开展十九大精神的宣讲和讨论。推进十九大精神"进教案、进课堂、进头脑"，关键是学

习并深刻把握十九大精神的精髓要义；结合《纲要》课程的教学内容和特点，找准课程与十九大精神的联系点和融入点；通过课内课外、线上线下等多种方式，面向学生深入讲解，让学生听得懂、记得住、能领会。

4. 以校外实践教学基地为依托，以学生骨干宣讲法为主要形式，以弘扬革命精神、坚定理想信念为主题，在课程实践教学中营造学习十九大精神的理论氛围。同时，与宣传部、学工部、校团委等部门紧密协作，共同指导各教学班开展实践教学活动，用行动践行党的十九大精神，既要出成果，又要见实效，增强学生的获得感，深化学生对十九大精神的深度认知。

五、动真格求实效　构建"三进"格局

当前，结合我校实际，推动《纲要》课程"三进"工作走深走实，既要在"进"上下功夫，更要在"入"上求实效，决不能浮在表面、流于形式，满足于教案改了、教师讲了、学生听了，要切实构建起体系化设计、工程化推进、精准化实施、常态化延伸的教育教学格局①。

驾驭好有形的课堂和无形的课堂。照本宣科、机械讲解、脱离实际是推动党的十九大精神"三进"的大忌。思政课教师有了"教材系统更新、教案动态充实、讲义及时跟进"的底气后，语言表达要通俗化，教学方式要形象化，教学手段要现代化，把思想高度、理论深度和情感温度有机统一起来，把理论讲实、讲活、讲新、讲透、讲出时代感和说服力，确保学生学懂、弄通、做实。"动人以言者，其感必深；动人以行者，其应必速。"教研组成员拿出"三更灯火五更鸡"和"一言不践万卷虚"的劲头来，以真学真懂真信真用的良好形象为学生做好榜样，在课堂上以真理的力量说服人，在生活中以人格的力量感染人，要求学生学好的自己先学深，要求学生做到的自己先做好，在潜移默化中达到最佳的教育教学效果，提升学生对《纲要》课程的获得感。

统筹好舆论与理论、理论与实际的双向效应。舆论造势历来是我们党和军队的优势，革命战争年代就有"过河靠撑船、革命靠宣传"的传统。推进习近

---

① 高善春，邬旭东. 创新教学方法　突出教学效果———思想政治理论课落实党的十九大精神方法探索［J］. 思想理论教育导刊，2018（04）.

平新时代中国特色社会主义思想和党的十九大精神走心入脑，必须营造浓厚氛围、形成强大声势，让其中蕴含的一系列重大思想、重要观点、重大论断、重大举措融入专业课教育、走进学生宿舍、进入团学活动的具体实施当中。

建立起科学的考核评价机制。坚持将习近平新时代中国特色社会主义思想和党的十九大精神"三进"成果纳入教师考核和学生课程考评标准中，谋在先、抓在前，摆上位、抓到位，把好教案设计关、课堂讲授关和头脑检验关，制定科学的评价机制和管用的考核标准。构建起理论测试、能力测评、态度评估相统一的课程考评体系，采取小组讨论、辩论、课堂演讲等方式，科学评定学生学习的成效、解决问题的能力，把对习近平新时代中国特色社会主义思想和党的十九大精神的学习掌握情况，作为评价学生学习思想政治理论课的重要标准，作为衡量教育教学质量效果的重要依据。坚持把考评教师和考核学生结合起来，既评估教学设计、授课水平和课后辅导质量，也评估学生学习态度和实践环节学习成果，采取有效措施激励先进鞭策后进。

总而言之，推进习近平新时代中国特色社会主义思想和党的十九大精神"进教案、进课堂、进头脑"要注意整体优化、重点突出，避免课程内容重复，教研组成员要多措并举，精心编制十九大精神进课堂的教学内容与要点、提供权威教学指导，以立德树人为根本宗旨，增强高校思想政治理论课的亲和力和感染力，使之充满人文关怀，从而大大增强实效性。

第二部分 02

【教学改革篇】

第一节　高校思政课实践教学
"学生骨干宣讲法"的探索、成效与教改反思
——基于大理大学的实践

"学生骨干宣讲法"是《中国近现代史纲要》为提高教学实效性，提高实践教学覆盖面而通过不断实践而探索出的一种新的实践教学方法。这种教学模式的探索和改革，不仅深化了大学生对《纲要》课程相关理论知识的理解，而且进一步增强了学生的爱国心和责任感，增进了同学们对"四个选择"的理解，大大增强了课程教学效果和学生的获得感，具有较好的示范效应和推广价值。

实践教学是高校思想政治理论课增强教学针对性和实效性的一种重要方式和环节。为加强大学生思想政治教育，创新大学生思想政治理论课实践教学模式，充分利用大理地区的红色文化遗产，将教学内容与红色传承资源相结合，大理大学马克思主义学院《中国近现代史纲要》教研室经过多年的实践探索，创新教学方式，以大理地区丰富的红色文化遗产为载体，诸如祥云县红色传承基地王复生、王德三烈士故居、周保中将军纪念馆、大理州博物馆等，形成了以"学生骨干宣讲法"为主要形式的实践教学模式。

"学生骨干宣讲法"目前已经取得教育部择优推广资助项目、大理大学教育教学成果一等奖等优异成果。其主要做法是在教师讲解，学生感知的基础上选拔培养对某个知识点领悟较好的优秀学生到相应实践教学点，例如王德三、王复生烈士故居、周保中将军纪念馆等红色传承教育基地进行参观考察后形成自我感悟并写出宣讲报告后在全体学生中进行宣讲以感染其他学生，使绝大多数同学受到教育。

实践教学活动分两个阶段进行。首先，全体学生骨干在讲解老师的带领下，参观考察红色文化遗产，重温云南波澜壮阔的革命历史，缅怀革命先烈，体验

革命英雄的优良家风，使学生在教学中亲身实践和体验近现代以来党领导人民实现中华民族伟大复兴而进行的过程，认识革命战争年代的共产党人为理想、为信念，为民族的独立、人民的解放、国家的富强，不惜抛头颅、洒热血，坚定马克思主义信仰和党的领导。其次，参观活动结束后，由《纲要》课教研室教师担任指导老师，组织学生分组进行交流讨论，同学们畅谈学习心得，教师对学生的发言进行针对性的点评，对学生心中所存在的理想信念问题进行答疑和疏导，提升认识，做到最大化亲身实践和体验。

通过考察活动的开展，不仅深化了同学们对《纲要》课程相关理论知识的理解，而且增强了同学们的爱国心和责任感，增进了同学们对"四个选择"的理解，大大增强了课程教学效果和学生的获得感。

"学生骨干宣讲法"有以下几个鲜明特点：

一、教学理念和思路的创新

（一）教学理念的更新

突破传统思想政治理论课实践教学的难题和瓶颈，不仅需要克服如学生人数多，基地有限；组织管理困难，经费有限；有的教师对实践教学环节不重视，监控不严，培训指导不够，导致教学效果不理想等诸多问题；而且需要化解如学生校外实践的安全保障问题在实际操作中的困难；课程成绩难以与学生的社会实践活动结合，学生缺乏参加社会实践的动力；参观活动走马观花，教学效果不明显等诸多难题。

"中国近现代史纲要"课的一个突出的特点就是具有鲜明的实践性，即不仅引导学生通过对形象生动的历史素材进行感知，使其客观辩证地认识国情、认识社会，树立正确的政治方向和人生观、价值观，增强社会责任感和历史使命感，而且要引导学生学以致用，缩短"知""行"之间的距离，以提高思想政治理论课的教学效果。

（二）教学新思路的探索

整合和利用大理地方特色教育资源，以培养"骨干学生宣讲员"为切入点，创建固定的实践现场教学链条，精心策划和设计教学，做活"一线三点"，设计"六个一"，突出现场性，指导学生认识中国人民在历史发展进程中怎样选择马克思主义、选择中国共产党、选择社会主义道路、选择改革开放，在党史和国情教育中牢记使命，学习革命先烈的优秀品质，树立坚定的理想，打下烙印、触动灵魂、感动一阵子、管用一辈子。通过"学生自我教育"，不仅能在教学理念、思路、手段、组织管理等方面进行探索和创新，而且具有组织起来简便、可操作性强、教学效果好等优点，同时从教学方法论的角度，对实践教学的这种方式、方法改革创新进行了教育教学理论上的概括和总结，形成教学模式的新探索。

二、教学内容和环节设计的逐步完善

1. 精选教学内容，形成教学教案，突出教学亮点。

2. 实践教学活动主题的多元化：形成"一主多元"的格局，以"坚定马克思主义信仰，矢志不渝"为主题，以"弘扬革命精神，坚定理想信念""传承红色基因，坚定理想信念"等为辅助，逐步形成主题多样化的教学载体。

3. 科学策划，设计教学。

从五个环节具体展开：

（1）组织选拔出的优秀学生到大理州祥云县红色传承基地和王复生、王德三烈士故居进行现场教学，结合《中国近现代史纲要》教学内容突出教学亮点。

（2）指导教师现场进行教学点评：提升学生对马克思主义、党的领导、社会主义道路、改革开放的选择的深度认识。

（3）学生骨干现场交流讨论，畅谈参观考察的切身体会和感触，增强学生对实践学习主题和课程核心内容的理解。

（4）参加现场教学学生回校的感悟宣讲，参加现场教学学生回校，通过"自我教育"的方式，组织学生在课堂上进行现场教学后的感悟宣讲，扩大教学实践面，实现教学资源的普惠化，增强教学的针对性和实效性。

（5）实现学生课后回头看：在课堂教学内容完成后，各小组就撰写的学习报告进行汇报交流，整体提升认识，实现教学的持续性，同时为下一期实践教学更好开展打基础，实现教学的滚动性、持续性。

三、教学组织和管理的有效探索

1. 集中学校党、团、工、学等各方面优势，充分搞好思想政治理论课实践教学。

2. 学生宣讲骨干培养出来后，利用实践教学的学时，组织在课堂上进行集中宣讲，通过"谈认识感言、心得""学先烈精神、学模范、学典型"，达到学生有效的"自我教育"。

3. 参加宣讲的同学，其课程的实践教学成绩与宣讲活动挂钩，并对优秀宣讲员和优秀小组学习报告进行奖励。

4. 建立学生宣讲员档案库，通过滚动发展、连续发展的形式，不断提高和扩大宣讲员的队伍和宣讲的质量。

5. 通过老带新的形式，扩大宣讲员的队伍。

6. 择优选拔优秀宣讲员，联系学校大学生通讯社对宣讲进行视频录制，形成具有代表性和影响力的微视频、微电影，并向省内外推广，产生联动示范效应。

四、应用性与示范推广

经过 6 年的探索，"学生骨干宣讲法"具有可推广性。不仅在我校的《中国近现代史纲要》课的实践教学中普遍实施，而且在其他思想政治理论课程中开始推广。如《毛泽东思想和中国特色社会主义理论体系概论》课、《马克思主义基本原理》课、《思想道德与法治》课等。

当前，还可以贯穿对习近平新时代中国特色社会主义思想和党的十九大精神的宣讲，切实做到让新时代党的路线、方针和政策入脑入心。通过"学生骨干宣讲法"这样的形式，促使中国共产党的新思想、新战略和新理念在学生中内化于心，外化于行。

五、教学活动的反馈与反思

实践教学活动效果的考量需要对各个环节的评估与评价，其中对活动过程与成果的反馈是关键环节。

学生反馈的相关要素主要有：学生骨干推荐选拔的标准和覆盖面、学生骨干参观考察的收获与成果、课堂宣讲效果与反响、小组学习报告的水准与质量、教师指导的态度与建设性意见及重视程度等。教师反馈的核心要素主要有：学生骨干与学习小组的学习态度、班级宣讲与互动的效应、宣讲稿和小组学习报告的质量。

教师对实践教学活动的反思是改进举措和提升效果不可或缺的环节。参与实践教学活动的指导老师要反思各个学期活动及成果存在的主要问题，提出改进措施，经教研室协商讨论后一致达成新的活动方案，方才达到以教促评、以评促改的目的。当前，"学生骨干宣讲法"存在的主要问题有：主题单一且过于宽泛、与《纲要》课程相适应的实践基地相对较少、实践教学的经费较少、学生骨干覆盖面相对较窄（主要是古城校区）、学习小组不够重视、部分班级的宣讲效果不够理想、宣讲稿和小组学习报告不够规范、不够深入等突出问题。

六、改进新举措

（一）新增两到三个实践教学基地，诸如红军长征过大理陈列馆（宾川）、祥云云南驿二战遗址、鹤庆红军长征纪念园等；

（二）申请增加实践教学的活动经费，适应新的发展需求；

（三）提升学生骨干宣讲员的选拔标准，严格要求，并加强前期培训和背景知识的阅读了解；

（四）课堂宣讲尽量要求脱稿讲授，并制作图文并茂的 PPT 作辅助展示，小组学习报告要规范、深入，且小组成员不应该超过 5 人；

（五）适度增加实践教学环节在平时成绩中所占的比重，也可单列，提高在总成绩中的比重，学生重视程度会相应提高；

（六）与学校党、团、工、学等部门形成协同联动的机制，形成有影响力的成果，提升社会影响度，推进产出更高质量的教学成果，推动思想政治理论课教育教学改革的深化与创新。

第二节　《中国近现代史纲要》课程实践教学模式创新探索——现场教学法

一、案例综述

习近平总书记指出，要充分利用红色资源，开展党的优良传统教育和理想信念教育，把红色基因一代代传下去。滇西地区虽处西南边陲，但在近代以来长期的革命斗争历程中遗留下了丰富的红色文化资源，这些资源对于大理大学开展思想政治理论课教学尤其是实践教学具有得天独厚的优势。近年来，大理大学马克思主义学院对利用地方红色资源进行思想政治理论课实践教学进行了积极探索，取得了诸多成绩，如教学效果得到肯定、现场教学不断延伸、经验交流受到好评等。但也存在"实践点"的提炼有待拓展、参与现场教学的学生有待增加、现场教学与课堂教学有待协调等不足。为此，必须在进一步提炼现场教学"实践点"、把现场教学引入课堂教学中、调动学生成为现场教学主体、不断进行实践总结和理论研究等方面采取措施。

随着高校思想政治理论课教学方法改革不断深入，其教学效果显著增强，但仍有一些地方不尽如人意。作为一线的思政课教师，只有继续革新教学方法，才能使思想政治理论课更好地承担起对学生进行系统的马克思主义理论教育的任务，而现场教学法是实现这一目的的崭新的尝试。高校思想政治理论课中的现场教学法就是选取和社会现实密切联系的课程教学内容，通过在社会现实环境设置现场教学课堂即现场教学基地，叠加运用实地参观法、情景教学法、案例分析法、专题教学法、背景透视法、情感教学法等多重教学手段，分析、解决问题，完成思想政治理论课教育任务的综合型教学方法。目前，教育管理部门和高校对于思想政治理论课现场教学的关注程度逐渐提高。

在高校思想政治理论课实践教学面临内容枯燥乏味、流于形式、教学方式呆板、较难以被大学生接受等困境之时，思政课教学方式的改革迫在眉睫。在众多改革探索中，现场教学是当前较为活跃并广泛被推广运用的一种教学方式。思政课现场教学的过程是以教师和学生的互动交流为特色的，教师在教学中起到主导与引领的作用，学生也在实地切身体验过程中获取相关知识，从而使教学方式更加灵活且教学效果更加高效。近五年来，大理大学《中国近现代史纲要》教研室充分发挥、利用滇西地区丰厚的红色文化资源优势，将思政课实践教学课堂搬到红色文化资源现场，以"学生骨干宣讲法"的推广为契机，形成了独具特色的思政课实践教学新模式，有效增强了思政课的针对性、实效性和对学生的感染力、吸引力、亲和力及获得感。

二、案例解析

（一）思路与理念

红色文化资源作为中国共产党领导中国人民在长期的革命斗争和建设实践中形成的历史积淀，蕴含着十分丰富而深刻的思想内涵。充分认识和挖掘红色文化资源的传承基因和教育价值，努力推进红色资源在高校思想政治理论课实践教学中的应用，对于提高思想政治理论课教学的吸引力、感染力和学生的获得感有着十分积极的作用和意义。

实践教学是高校思想政治理论课教学增强针对性和实效性的一种重要方式和环节。实践教学的目的在于帮助学生完成从书本到现实、从理论到实践的跨越，增添书本中难以体现出来的感染力和冲击力，是其魅力所在。《中国近现代史纲要》实践教学就是要引导学生通过对形象生动的历史素材的感知，形成思想上的震动和心灵上的共鸣，从而激发学生振兴中华的历史使命感和责任感。红色资源能够使我们跨越时空界限，深刻感悟历史的发展进程。每一处革命遗址、革命文物及其承载着的革命精神，都以无可辩驳的事实昭示着中国人民英勇奋斗的光辉历史，都是最真实、最有说服力的教育素材。利用红色文化资源开展《中国近现代史纲要》现场教学，让学生在耳闻目睹中受到感染，在亲身经历中得到熏陶，在深刻的思想内涵和信服的事实面前去感知和体验，不但能够调动学生学习的主动性、自觉性，而且能够增强教育教学的吸引力、说服力，切实提高教学实效性。

为加强大学生思想政治教育，创新大学生思想政治理论课实践教学模式，充分利用大理地区的红色文化遗产，将教学内容与红色传承资源相结合，大理大学马克思主义学院《中国近现代史纲要》教研室经过多年的实践探索，创新教学方式，以大理地区丰富的红色文化遗产为载体，诸如祥云县红色传承基地王复生、王德三烈士故居、周保中将军纪念馆、大理州博物馆等，形成了以"学生骨干宣讲法"为主要形式的现场教学模式。

（二）案例设计与实施

创新高校思政课实践教学的模式和路径，红色传承教育是最直观、最富有成效的载体和手段。同时，作为积累知识、传承文明、传播文化的红色文化资源，是最有活力、最现实的载体，是承载正确历史观、民族观、国家观、文化观的主阵地。近五年来，大理大学马克思主义学院《中国近现代史纲要》教研室以王复生、王德三烈士故居、全国优秀村官普发兴先进事迹陈列室、将军第、边纵八支队遗址等红色文化资源为依托，通过教学科研方面的多重举措，积极做大做好红色文化这篇大文章，积极探索高校思政课教育教学的改革，取得了诸多成效。

以"学生骨干宣讲法"为主要形式的思政课现场教学模式，是大理大学《中国近现代史纲要》教研室为提高实践教学实效性，提高实践教学覆盖面而通过不断实践而探索出的一种新的实践教学方法。目前已经取得教育部择优推广资助项目、大理大学教育教学成果二等奖、高校思想政治工作成果奖等优秀成果。其主要做法是在教师讲解，学生感知的基础上选拔培养对某个知识点领悟较好的优秀学生到相应实践教学点，例如王德三、王复生烈士故居、周保中将军纪念馆等红色传承教育基地进行参观考察后形成自我感悟并写出宣讲报告后在全体学生中进行宣讲以感染其他学生，使绝大多数同学也受到教育。

现场教学活动分两个阶段进行。首先，全体学生骨干在讲解老师的带领下，参观考察红色文化遗产，重温云南波澜壮阔的革命历史，缅怀革命先烈，体验革命英雄的优良家风，使学生在教学中亲身实践和体验整个近现代以来党领导人民实现中华民族伟大复兴而进行的过程，认识革命战争年代的共产党人为理想、为信念，为民族的独立、人民的解放、国家的富强，不惜抛头颅、洒热血，坚定马克思主义和党的领导。其次，参观活动结束后，由《纲要》教研室教师担任指导老师，组织学生分组进行交流讨论，同学们畅谈学习心得，教师对学生的发言进行针对性的点评，对学生心中所存在的理想信念问题进行答疑和疏导，提升认识，做到最大化亲身实践和体验。

通过现场教学活动的开展，不仅深化了同学们对《纲要》课程相关理论知识的理解，而且进一步增强了同学们的爱国心和责任感，增进了同学们对"四个选择"的理解，大大增强了课程教学效果和学生的获得感，有效推进了大学生对党史国史的深度理解和认识。

（三）工作实效与经验

整合和利用大理地方红色传承资源，以培养"骨干学生宣讲员"为切入点，创建固定的实践现场教学链条，精心策划和设计教学，做活"一线三点"，设计"六个一"，突出现场性，指导学生认识中国人民在历史发展进程中怎样选择马克思主义、选择中国共产党、选择社会主义道路、选择改革开放，在党史和国情教育中牢记使命，学习革命先烈的优秀品质，树立坚定的理想，打下烙印、触动灵魂、感动一阵子、管用一辈子。通过"学生自我教育"，不仅在教学理念、思路、手段、组织管理等方面进行探索和创新，而且具有组织起来简便、可操作性强、教学效果好等优点，同时从教学方法论的角度，对实践教学的这种方式、方法改革创新进行了教育教学理论上的概括和总结，形成教学模式的新探索。

应该说，运用红色文化资源来开展高校思想政治理论课的现场教学，既可以引导学生通过对形象生动的历史素材的感知，使其客观辩证地认识国情、认识社会，树立正确的政治方向和人生观、价值观，增强社会责任感和历史使命感。又可以引导学生学以致用，缩短"知""行"之间的距离，以提高思想政治理论课的教学效果。

三、案例点评（评价）

（一）典型特征

红色文化资源不仅是促进精神文明建设的利器，同时也为高校思政课教学提供了最合适的实践基地。红色文化资源承载着中国共产党的历史，彰显着革命前辈的崇高精神，是进行思想政治教育的一种隐性教育资源。将课堂搬到红色文化所在地，既可以让大学生切身体会到革命先烈所生存的恶劣生态环境，感受到革命精神，又能使其理解选择中国共产党、选择社会主义道路的原因所在，还能够从思想道德层面对大学生进行洗礼，从而使其形成正确的世界观、人生观和价值观。

（二）推广价值

经过近五年的探索，具有可推广性。不仅将以"学生骨干宣讲法"为主导路径的现场教学模式有效的融入我校的《中国近现代史纲要》课的实践教学并普遍实施，而且在其他思想政治理论课程中开始推广。如《毛泽东思想和中国特色社会主义理论体系概论》课、《马克思主义基本原理概论》课、《思想道德修养与法律基础》课等。当前，还可以贯穿于对习近平新时代中国特色社会主义思想和党的十九大精神的学习和实践中，切实做到新时代党的路线、方针和政策入脑入心。通过现场教学这样的有效形式，促使中国共产党的新思想、新战略和新理念内化于心，外化于行。

（三）改进对策

首先，要用好红色文化资源。红色文化资源的选择应该遵循代表性、吸引力、结合性强的原则，做到针对性与实效性相统一、资源多样性与课程需要性相统一。思政课课程多、内容多，在开展现场教学选择红色文化资源的过程中，特别要加强对当地红色文化资源的研究与挖掘，不仅做到不同的课程选择不同的红色文化资源，而且做到同一红色文化资源运用到不同的课程；不仅做到不同红色文化资源运用到同一课程，而且做到同一红色文化资源运用到同一课程的不同内容。

其次，要用活红色文化资源。红色文化资源要用活，一方面内容要活，要特别深挖时代感强的鲜活内容，奔着现实问题和活思想、活理论、活生生的人和事去，增强教育内容的魅力、吸引力和公信力。使学生在共鸣中思考、接受。另一方面，要讲活，要把历史人物、历史事件讲鲜活，使其可亲可信、可知可感，使学生愿意听、能还原、有参照，这样教学就能收到事半功倍的效果。同时，方式要活，要因事而化、因时而进、因势而新，讲求多样化，发挥红色文化现场对人的认知、情感、意志、行为的影响作用，使学生对红色文化资源能够"入眼、入神、入心"。

再次，不断进行实践总结和理论研究。大理大学马克思主义学院利用地方红色资源进行思想政治理论课现场教学只有几年时间，在实践中还有诸多不足有待完善，比如理论挖掘不够深入、内容开发不够全面、与现实联系不够紧密等，因此，对现场教学经验必须进行总结和研究。具体来说：一是要对现场教学进行制度规范。如制定出台"利用滇西红色资源进行思想政治理论课现场教学大纲""利用滇西红色资源进行思想政治理论课现场教学实施方案"等。二是不断培养现场教学的师资力量。现场教学对讲解者的要求很高，不是所有教师都能讲得了现场课程，因此，要通过教师自己的努力、学校教师培训中心培训、教师之间经验分享、和兄弟院校交流学习、和地方政府主管部门、和地区红色旅游企业及社团等多种渠道不断壮大现场教学师资力量。三是不断进行滇西红色资源与思想政治理论课方面的理论研究。红色文化资源与思想政治理论课的内容之间有相通性，但是又各自拥有独立内涵。利用地方红色资源进行现场教学只是思想政治理论课教学的一种辅助手段，绝不可以用地方红色资源本身代替思想政治理论课教学内容。因此，对于二者内容内在连接的一致性，各自自成体系的独立性等都必须进行深入的理论研究，廓清哪些红色资源的内容能够嵌入思想政治理论课现场教学中，哪些不可以，从而使滇西红色资源在思想政治理论课教学中充分发挥作用。

第三节　《习近平新时代中国特色社会主义思想概论》课程建设探索反思

作为高校思想政治理论课教育教学新增的一门重要必修课，本课程坚持政治性、系统性、针对性、实践性、前沿性的统一，初步探索形成了以科学理论为指导，以青年学生为中心，以培养时代新人为目标，以党的文献为依据，以高质量研究成果为支撑，以专题教学为手段，以启发式、问题式教学为方法，以实践教学为补充的内涵式教学模式。通过教育教学，引导学生在与时代脉搏的同频共振中研究理论的创新发展，了解习近平新时代中国特色社会主义思想的系统性、完整性，正确认识世界和中国发展大势、中国特色和国际比较、时代责任和历史使命、远大抱负和脚踏实地，坚定"四个自信"，增强投身中国特色社会主义伟大事业的本领。

思想政治理论课是落实立德树人根本任务的关键课程。习近平总书记在讲话中强调，"办好思想政治理论课，最根本的是要全面贯彻党的教育方针，解决好培养什么人、怎样培养人、为谁培养人这个根本问题""青少年阶段是人生的'拔节孕穗期'，最需要精心引导和栽培""我们办中国特色社会主义教育，就是要理直气壮开好思政课"①。用习近平新时代中国特色社会主义思想铸魂育人是思政课的首要任务。为此，大理大学马克思主义学院开始了"习近平新时代中国特色社会主义理论体系概论"课程的教学探索。

---

① 习近平. 思政课是落实立德树人根本任务的关键课程 [J]. 求是，2020（17）.

一、课程开设基本情况

《习近平新时代中国特色社会主义思想概论》是按照中共中央办公厅、国务院办公厅《关于深化新时代学校思想政治理论课改革创新的若干意见》、中共中央宣传部教育部关于《新时代学校思想政治理论课改革创新实施方案》以及《中共云南省委宣传部　中共云南省委教育工委　云南省教育厅关于做好新时代学校思想政治理论课改革创新实施方案贯彻落实工作的通知》要求开设的课程，属于重点马院开设的大学生公共必修课。

本课程旨在用习近平新时代中国特色社会主义思想铸魂育人，培养德智体美劳全面发展的社会主义建设者和接班人。课程围绕新时代坚持和发展什么样的中国特色社会主义，怎样坚持和发展中国特色社会主义这一时代课题，沿着"八个明确""十四个坚持""三为三谋""两个大局"的主线。核心内容包括历史方位理论、根本方向理论、根本立场理论、战略布局与总体布局理论、"一国两制"和推进祖国统一理论、中国特色大国外交理论、党的建设理论、思想方法和工作方法理论。

本课程于 2021—2022 学年在 2020 级全日制本科生中全面开设，36 学时。以专题教学为主，分八个专题开展理论教学；安排 4 学时开展实践教学，实践教学形式以文献阅读或社会实践考察为主。

二、本课程教学创新要解决的"痛点""难点"问题

如何用习近平新时代中国特色社会主义思想铸魂育人，培养时代新人，这既是普通高校面临的一项重要任务，也是新时代思政课着力要解决的一个难题。

（一）如何探索新设课程的教学体系

本课程是党的十九大以来高校思想政治理论课教育教学新增的一门重要必修课程，2019 年才开始在全国有重点马克思主义学院的学校作为单独的课程开设，2020 年开始在北京、上海、黑龙江省进行试点。目前，本课程正准备在全国范围内普及，但至今尚无统编教材和统一教学大纲，一切都在探索之中。这就要求各高校要根据各自的特点、优势整合高水平优质师资，组织教师开展该课程教学研究，根据各高校学生的水平研发教学用书，包括教材、教学辅导用书、学生学习用书等，将这一思想的科学理论体系转化成为教材体系和教学体系。目前，对普通高校而言，这是一个较难解决的问题，主要原因是专门从事习近平新时代中国特色社会主义思想研究和教学的师资力量不足，需要从全校乃至跨校整合师资力量。

（二）如何适应新时代思政课的高要求

本课程旨在通过系统的教育教学，使学生全面了解和准确掌握习近平新时代中国特色社会主义思想，引导青年学生增强"四个意识"，坚定"四个自信"，做到"两个维护"，树立共产主义远大理想和中国特色社会主义共同理想，积极投身于坚持和发展中国特色社会主义、建设社会主义现代化强国、实现中华民族伟大复兴的伟大实践之中①。这就要求教师一方面要有扎实的理论基础，对习近平新时代中国特色社会主义思想做到真学、真懂、真信，另一方面要有较强的教育教学能力，善于运用多种方式将教学体系转化为学生的知识体系和信仰体系。但在现实教学中，由于这门课程涉及多门学科乃至社会生活的各个方面，授课教师不可能精通各方面知识和涉及各个领域，使很多教师难免陷入力不从心、疲于应付的窘境，这无疑大大降低了思政课的感染力和吸引力，严重影响了思政课的课堂教学效果。

（三）如何合理安排繁多的教学内容

在教学内容的安排方面，本课程教学面临两重矛盾。

第一，如何处理好"多"与"少"的矛盾。这里的"多"指的是习近平新时代中国特色社会主义思想课程内容多，涵盖面广、信息量大、知识跨度也很大。包括了新时代坚持和发展中国特色社会主义的总目标、总任务、总体布局、战略布局和发展方向、发展方式、发展动力、战略步骤、外部条件、政治保证等基本问题。涉及改革发展稳定、内政外交国防、治党治国治军等所有方面，贯通哲学、政治经济学、科学社会主义等领域。"少"指的是课程教学时间"少"，这一庞大思想体系的教学需要有较多的时间，但教学时间是有限的。如

① 秦宣．"习近平新时代中国特色社会主义思想概论"课程建设的思考［J］．思想理论教育导刊，2021（6）．

何把如此丰富的教学内容合理安排在有限的教学学时中？这需要教师花费较多的时间和精力把握好教学内容，对教学内容进行取舍，抓住教学重点难点，同时需要教师深入学生中，了解学生关注的焦点和热点，了解学生对这门课程对于知识、情感、能力等方面的需求，能在此基础上进行教学设计上的创新。

第二，如何处理好"全面性"和"深刻性"的矛盾。习近平新时代中国特色社会主义思想是一个内容丰富，逻辑严整、内在统一的科学理论体系。一方面，由于这习近平新时代中国特色社会主义思想是一个具有严密逻辑体系的思想，怎样在教学中做到不割裂这种逻辑性和"全面性"，让学生既见"树木"，也见"森林"。另一方面，在教学过程中，由于时间有限，不能面面俱到，要有重点地开展教学，要使教学具有"深刻性"①。因此，专题式教学是讲好本课程的必然要求。这要求教师既要全面掌握习近平新时代中国特色社会主义思想的理论体系，深刻把握各个理论之间的逻辑关系，更要懂得科学整合教学内容，凝练高质量的教学专题。专题内容的"专"，体现着思政课内容的深意和新意。专题式教学内容设计的科学与否，直接决定着思政课教学的效果。需要从教学专题内容体系、结构布局、重点把握等方面设计好专题教学，这对教师对专业化水平提出了更高的要求。

（四）如何有效避免课程之间的交叉重复

由于思政课的其他课程"马克思主义基本原理""毛泽东思想和中国特色社会主义理论体系概论""中国近现代史纲要""思想道德与法治"以及专业课程都要全面贯彻习近平新时代中国特色社会主义思想，因而如何处理本课程与其他课程内容，尤其是同"毛泽东思想和中国特色社会主义理论体系概论"课程后八章内容的重复问题。我校的思想政治理论课传统的四门课程基本都安排在大学一年级，"习近平新时代中国特色社会主义思想"这一课程安排在大学二年级，学生在大一阶段已经学习了这一思想，在大二阶段再开设这门课程，会让学生有重复的感觉，教师在处理教学内容的过程中也倍感压力，如何跳脱原有的体系框架，避免和其他课程在内容上重复，这需要教师花大力气、下苦功夫，

---

① 李冉，李国泉．"习近平新时代中国特色社会主义思想概论"课建设的若干思考［J］．思想理论教育，2021（4）．

深入研究各门课，掌握各门课程之间的区别和联系，用新的视角、新的思维重新阐释新思想新理论。

三、本课程的教学探索

本课程以立德树人、培养时代新人为目标，贯彻"以学生为中心"的教学理念，着力从以下几个方面进行创新。

（一）细化教学目标

本课程旨在培养堪当民族复兴大任的时代新人，为此，需要加强顶层设计，根据本课程要求进一步细化教学目标。在教学创新过程中，教学团队经过集体备课研究，确定如下目标：

一是让学生准确理解、深刻把握习近平新时代中国特色社会主义思想的时代背景、核心要义、精神实质、丰富内涵、实践要求，掌握这一思想的科学体系和主要内容；

二是让学生深入领会新思想的时代意义、理论意义、实践意义、世界意义，清醒认识这一思想的历史地位，增强用这一思想武装头脑的自觉性；

三是让学生全面了解新思想中蕴含的人民至上、崇高信仰、历史自觉、问题导向、斗争精神、天下情怀等理论品格和思想风范，增进政治、理论、思想和情感认同；

四是让学生深刻把握新思想中贯穿的马克思主义立场观点方法，使学生在学习过程中，既能掌握理论，也能得到许多思想启迪、战略启蒙和智慧启示。

（二）把握正确原则

一是政治性：突出本课程的政治性、意识形态性特征，认真落实立德树人根本任务，旨在为学生形成正确的世界观、人生观、价值观奠定思想基础。

二是系统性：将新思想作为一个完整的科学理论体系进行讲解，突出新思想的历史逻辑、理论逻辑和实践逻辑；将新思想放在中共党史、新中国史、改革开放史、社会主义发展史中进行讲解和阐释，让青年学生了解新思想的系统性、完整性，增强理论自信，提高学习的自觉性。

三是针对性：坚持问题导向，突出教学内容的现实针对性，针对"两个大局"提出问题，贴近当代中国实际和青年学生思想实际，释疑解惑，引导学生正确认识世界和中国发展大势、中国特色和国际比较、时代责任和历史使命、增强投身中国特色社会主义伟大事业的本领。

四是实践性：紧密结合并全面反映新时代中国特色社会主义的伟大实践及其带来的历史巨变，用生动的实践案例讲好中国特色社会主义的科学性、真理性，帮助青年学生坚定中国特色社会主义"四个自信"。

五是前沿性：紧跟世情国情党情新变化，随时关注习近平总书记最新讲话精神，及时调整和更新教学内容、阅读材料、拓展资源，让青年学生在时代脉搏的同频共振中了解新思想的创新发展。

（三）精心设计教学内容

一是坚持全面与重点相统一。注重把握新思想的系统性、全面性、完整性，保证教学内容的全覆盖。与此同时，突出教学重点，重点展示新思想的原创性贡献。

二是坚持理论与实践相结合，贯穿"大思政"理念。在课堂教学的同时，丰富和拓展实践教学内容，鼓励青年学生结合亲身实践，讲好改革开放、精准扶贫、抗击疫情等鲜活故事。

三是贯穿大中小学思政课"一体化"建设理念。注重本课程与中学思政必修课《中国特色社会主义》的衔接，做到步步高，突出新思想的理论性、科学性；力求避免与大学思想政治理论课《毛泽东思想和中国特色社会主义理论体系概论》的重复，同时注重与高校思想政治理论课其他几门课程的协调与统一。

（四）创新教学方式方法

第一，创新教学模式。主要采用专题教学模式，它与高中阶段不同，着重从理论上深度阐释习近平新时代中国特色社会主义思想，突出这一思想的思想性、学理性、科学性。

第二，创新教学手段。主要采用专题式教学、案例式教学、启发引导式教学等多种形式。各个授课教师或单独使用一种教学形式，或综合使用多种教学形式。教学过程中，教学团队所有教师必须制作多媒体教学课件，利用多媒体教学手段。

第三，创新教学组织。全部课程内容为八个专题，主要由思政课专兼职教师组成教学团队讲授，共讲授32学时。与此同时，以讨论式教学作为辅助，讨论题目由任课教师根据教学安排指定，以小组共同学习、讨论的方式，并在课堂展开讨论，使大家互相交流，互相学习。

第四，创新教学活动。在备课环节，积极采用集体备课形式，学院专门成立了本门课程备课小组，不定期开展集体备课活动，共同讨论每一讲的教学要求和授课要点，共同研讨教学中的重点问题和难点问题，集体攻关；在教学环节，每一个授课教师根据教学安排，将课程重难点讲深讲透。

第五，创新考试方式。平时成绩占总成绩的60%，主要以平时作业、课堂讨论和社会实践成绩为依据；期末考试成绩占总成绩的40%，主要通过撰写课程论文方式考查学生运用所学知识分析问题、解决问题的能力。

第六，拓展教学资源。本教学团队充分利用了"大理大学滇西社会治理与乡村振兴研究院""铸牢中华民族共同体意识研究基地"和三个校级创新团队、四个学科团队，提供了丰富教学资源。

第七，加强监督管理。通过学生代表座谈会、问卷调查等形式查找教学中存在的问题，制定改进措施；由学院教学督导组，随机现场听主讲教师的课堂教学，综合评价教师是否遵循了教学基本要求，及时发现问题，并提出改进要求；教学效果的自我评价主要看每个听课学生在学期末对各个教师的综合评价。

四、教学总结反思

在课程建设中，我们初步探索形成了以科学理论为指导、以学生为中心，以培养时代新人为目标，以党的文献为依据，以高质量研究成果为支撑，以专题教学为手段，以启发式、问题式教学为方法，以实践教学为补充的内涵式教学模式。目前，这种教学模式已经取得初步成效，具有一定的推广价值。但在教学中，也发现不少需要进一步改进的问题，我们正在努力。我们希望通过教学创新，努力提高习近平新时代中国特色社会主义思想"三进"的实效，从而达到培养时代新人之目的。

第一，开展好这门课程教学需要建设一支专业化、高质量的教师队伍。专业化是衡量教师教育教学能力和水平的重要指标，是推进高等教育内涵式发展的重要保障，是教师队伍建设的重要内容。教师的质量是决定教育质量的关键因素。为此，一方面，要千方百计增加专业化、高质量的课程任课教师；另一方面要提供各种学习机会和学习平台提高现有的教师队伍的专业化水平。

第二，开展好这门课程教学需要制度和经费保障。应建立课程建设激励制度，设立该课程建设专项项目，鼓励教师研究这一课程及其教学内容。落实集体备课制度，加强教研室集体备课。

第三，开展好这门课程教学需要积极探索和创新教学方式方法，做好对教学专题的研究。每名教师应集中精力于其所负责的教学专题，深入研究该专题所旁涉的各种知识板块，从多维度、全方位将教学专题讲深讲透。激励教师不断提升理论传授与实际问题相互对接的能力，将理论知识应用于对实际问题的分析和解决上，结合社会发展实际、大学生心理和思想观念实际，对与课程密切相关的、大学生热切关注的社会热点和理论难点问题进行案例教学。探寻情境教学、讨论辩论、社会调查等教学方式，使学生真正成为教学过程的参与者和教学模式创新的实践者。积极探索参与体验式教学，比如，现场教学，虚拟式教学等。

第四节 "点—线—面"一体化的构建：大理大学思想政治理论课虚拟仿真实践教学的探索与实践

党的十八大以来，以习近平同志为核心的党中央高度重视思政课改革创新，习近平总书记有关思政课的系列重要论述是思政课教育教学的根本遵循，尤其是提出思政课要坚持理论性与实践性相统一、要高度重视思政课的实践性、把思政小课堂同社会大课堂结合起来、思政课要发挥学生主体性作用等重要论述成为思政课实践教学改革的重要原则①。近年来，中央办公厅暨各部委颁布《关于加强新时代马克思主义学院建设的意见》《新时代学校思想政治理论课改革创新实施方案》等系列重要文件，从顶层设计强调创新思政课实践教学。因此，推进思政课实践教学改革创新可以说是正当其时，十分必要。

在新时代建设教育强国的背景下，"互联网+高等教育"的新业态已成为一种趋势。高校思想政治理论课建设只有与时俱进，积极推进自身信息化发展，不断以技术创新推动教学模式和教育手段的变革，才能真正承担起立德树人的使命。将虚拟仿真引入高校思想政治理论课实践教学，是利用现代信息技术创新思政课实践教学载体，推动思政课实践教学改革，激活其内生动力，提升教学质量的一种探索和尝试，正逐步成为各高校近年来探索与应用的重要议题。大理大学马克思主义学院立足于既往"学生骨干宣讲法"为主的实践教学成效，着眼于思政课实践教学实效性的提升，开始启动和探索虚拟仿真实践教学模式的应用并取得了初步成效。

---

① "习近平主持召开学校思想政治理论课教师座谈会"，中华人民共和国中央人民政府网，2019 年 3 月 18 日，网址：http://www.gov.cn/xinwen/2019-03/18/content_ 5374831. htm，最后登录时间：2022 年 3 月 1 日.

一、基石：以"学生骨干宣讲法"为主的思政课实践教学改革创新成效显著

实践教学一直是高校思政课教学改革的重要方向和内容，是体现思政课教学效果的重要平台和路径。近十年来，大理大学思政课实践教学探索出了以"学生骨干宣讲法"为主体的实践教学模式，先后获得教育部思政课择优推广计划资助项目、云南省一流课程和第九届云南省高等教育教学成果二等奖等优异成绩，在提升思政课教学实效性和增强学生获得感方面取得了显著的成效，为我校思政课虚拟仿真实践教学新模式的探索奠定了坚实的基础、创造了较好的开展条件。

思政课实践教学主要是指与思想政治教育有关的社会实践活动，既包括在思政课教学过程中开展的课程实践活动，也包括课外和校外的社会实践活动①。高校积极探索思政课实践教学改革创新路径，不仅是引导大学生在广泛的实践活动中了解社会现实、提高思想认识水平，还是实现理论与实践、思想与行动双结合，发挥高校思政课立德树人功能和作用的新探索。

长期以来，大理大学以"学生骨干宣讲法"为主要形式开展思政课实践教学。2016年，教研部获得教育部思政课教学方法改革择优推广项目立项，制定有《马克思主义学院关于进一步规范思想政治理论课实践教学的指导性意见》《马克思主义学院关于实施推广"学生骨干宣讲法"的通知》等制度。各门思政课程每学期均有完备的实践教学方案、实践教学情况登记表和实践教学成果汇编。教研部每学期分课程组织开展实践，通过带学生到脱贫攻坚典型村镇、乡村振兴和生态文明建设示范区等开展实践，强化训练其用科学世界观方法论分析和解决问题的能力；带学生到红色传承教育基地考察，让学生深刻理解历史和人民为什么选择了马克思主义、中国共产党、社会主义道路和改革开放；带学生到脱贫攻坚、乡村振兴、民族团结进步示范创建卓有成效的乡村、企业学习调研，让学生深刻理解马克思主义中国化理论成果，增强"四个意识"、坚

---

① 张俊青. 虚拟仿真技术与高校思政课实践教学深度融合的路径探索——以建设高校虚拟仿真思政课体验教学中心为例［J］. 高教论坛，2021（09）：60-62.

定"四个自信"、做到"两个维护";通过把学生带到爱国主义教育基地和警示教育基地等参观考察,有效加强思想道德与法治教育,提高思想修养,培育民族精神和时代精神。

此外,为进一步提升思政课教育教学质量,从体制机制上主要推进了思政课实践教学的课程化和教学组织的专门化。一是设置《思想政治理论课综合实践》课程,该门课是从本科生思政课《马克思主义基本原理》《思想道德与法治》《毛泽东思想和中国特色社会主义理论体系概论》和《中国近现代史纲要》等四门课中划出 36 学时 2 学分开展的实践教学,以"学生骨干宣讲法"为主要形式对全体学生进行全覆盖,以专门的教研部统一进行设计、安排和管理。二是设立思政课实践教学教研部,这是对思政课实践教学统一进行设计、安排和管理的基层教学组织。

总之,从成果推广情况而言,"行走的思政课"作为大理大学思政课实践教学改革创新的标志性特色品牌,率先在大理地区大中小学引起强烈反响并普及运用,探索构建了滇西地区"大思政课"的示范样板。同时,也在滇西地区其他高校推广运用,如保山学院、楚雄师范学院、德宏职业学院、大理农林职业学院等,极大提升了大理大学思政课的影响力。

二、以"点"辐射:滇西高校思政课实践教学虚拟教研室的立项培育

加强基层教学组织建设,全面提高教师教书育人能力,是推动高等教育高质量发展的必然要求和重要支撑。教研室作为基层的教学组织,负责课程教学活动的组织、教研工作的开展以及教师的基础培训,具有基础性的作用。而虚拟教研室依托互联网技术,"既具有一般科研学术共同体的自主性、自觉性和自律性等特点"①,又能够突破传统教研室的组织架构,打破原有专业、院系、学校界限,可由数个高校的马克思主义学院联合建设。因此,虚拟教研室不仅是信息化时代新型基层教学组织建设的重要探索,也必然为虚拟仿真实践教学提供必要的支撑。

---

① 曾建潮,吴淑琴,张春秀. 虚拟教研室:高校基层教研组织创新探索 [J]. 中国大学教学,2020 (11):64-69.

虚拟教研室建设的宗旨，就是要依托虚拟教研室，广泛开展教育教学研究交流活动，全面提高教师教书育人能力，重点增强教师将现代信息技术与教育教学深度融合的能力，为提高人才培养质量筑牢基础。经多方合力谋划，大理大学申报的"滇西高校思政课实践教学虚拟教研室"于2021年获批云南省高校虚拟教研室培育立项，这是云南省唯一一项思政课的虚拟教研室建设项目。以此为着眼点，团队围绕虚拟教研室建设的任务和目标，为思政课虚拟仿真实践教学的开展作出了诸多有益的探索。

首先，重视顶层设计，主要以虚拟教研室的发起或主要建设单位为中心，以参与单位为节点，提高运行效率。大理大学马克思主义学院为云南省重点马克思主义学院。保山学院是大理大学硕士研究生培养合作单位。思政课是立德树人的关键课程，是大理大学"第一课"。该项目旨在发挥大理大学作为云南省，尤其是滇西地区高校领头雁作用，建设一个思政课领域引领和带动滇西地区高校思政课教师提升育人能力的"智能+"时代新型基层教学组织。

其次，汇聚优秀教师，充分发挥人才资源集聚的优势，以整合分散的教学力量，在互学互鉴中提升教学能力。滇西高校思政课实践教学虚拟教研室由大理大学马克思主义学院、保山学院马克思主义学院和德宏职业学院马克思主义学院三家共建，由大理大学马克思主义学院牵头，教研室成员老中青相结合，中青年教师占70%，高级职称教师占80%，近20%的教师为教学名师、学科带头人和教学科研骨干，拥有博士学位的教师近占半数。

再次，整合优势资源，积极利用区块链技术形成教学资源共享库，打破传统组织架构，强化大中小思政课一体化的横向联系。一方面，整合地方实践教学资源，构建"线上+线下"的协同教研平台。借助滇西地区多所高校共建的优势，最大限度整合滇西地区多样化的民族文化资源和丰富的地方红色文化资源，围绕红色文化传承教育和铸牢中华民族共同体意识教育两大特色品牌，以滇西红色文化研究中心和铸牢中华民族共同体意识主题教育馆为平台，构建"线上+线下"的教师教研新形态。另一方面，发挥联动效应，构建以高校思政课教师为主体的大中小思政课一体化建设联盟。教研室将通过滇西高校之间系统性协调，促进教师在专业建设、人才培养、教学方法、线上教学资源建设等方面进行教学研究及教学改革的共研共享探索。同时，发挥高校在区域社会经济发展中的引领作用，带动滇西地区中小学思政课实践教学的改革创新，以此为基础，构建大中小思政课教师一体化联盟。以大中小思政课一体化建设为路径，探索滇西高校思政课教师发展的新模式。

最后，发挥技术优势，打破时空界限，大幅度提高虚拟教研室运行效率。项目合作单位北京神州视景信息技术有限公司为思政课虚拟仿真实践教学提供高水平的技术支撑。该公司是专业从事虚拟现实技术研究与开发的高新技术企业，是虚拟现实技术整体解决方案供应商和相关服务提供商。同时还能够依据客户的需求，提供精湛的以专业开发、设计、售后服务为一体的整体解决方案。与此同时，大理大学还计划利用该公司的技术优势，深化合作，探索打造思政课沉浸式虚拟仿真教学基地。

三、以"馆"串"线"：大理州铸牢中华民族共同体意识主题教育馆的筹建

场馆学习（Museum Learning）理论认为，场馆是学校之外的第二教育系统，相对课堂授课，场馆学习资源丰富、环境轻松、时间灵活、学习随意，给学生提供了轻松自由、自主自导的非结构化学习方式①。随着新技术的发展，通过主题教育馆中虚实融合的环境开展实践教学已经成为重要途径，场馆学习的真实情境性、体验性，在促进学生对知识的理解、发挥主动性、培养批判性高阶思维能力等方面有积极影响②。

大理大学以校地合作为契机，与大理州委、州政府通力合作，在学校共建大理州铸牢中华民族共同体意识主题教育馆（以下简称主题教育馆），这为大理大学思政课虚拟仿真实践教学模式的运行提供了重要的载体和依托。

一方面，从建设的必要性和基础来看，大理州委、州政府在主题教育馆的建设过程中，着眼于深入学习贯彻习近平总书记关于民族工作的重要论述和考察云南重要讲话精神，全面贯彻落实国家和省、州关于铸牢中华民族共同体意

---

① 张美霞. 新媒体技术支持下的场馆建设与场馆学习——以现代教育技术博物馆为例 [J]. 中国电化教育，2017（02）：20-24.

② 张剑平，夏文菁. 数字化博物馆与学校教育相结合的机制与策略研究 [J]. 中国电化教育，2016（01）：79-85+108.

识有关工作部署，坚持不懈开展马克思主义祖国观、民族观、文化观、历史观研究、宣传、教育和培训，筑牢中华民族共同体思想基础，努力实现从"在民族团结进步上作出示范"升华为"在铸牢中华民族共同体意识上作出示范"的目标。这与新时代高校思政课践行立德树人的根本任务是一致的。铸牢中华民族共同体意识主题教育馆项目规划建设选择于大理大学原礼堂进行。主题教育馆的建设与运行，在我校已建立的 16 个较为稳定的思政课实践教学基地基础上，思政课实践教学基地实现了校内外的全覆盖。

另一方面，从建设的目标与进程来看，主题教育馆将成为深入学习贯彻习近平总书记关于加强和改进民族工作的重要思想以及中央民族工作会议精神的重要平台，成为全州大力推进"五个认同"、构筑中华民族共有精神家园的重要平台，成为开展民族理论、民族政策、中华民族共同体研究、宣传、教育和培训的重要平台，成为展示民族团结进步创建、争创全国铸牢中华民族共同体意识示范州大理实践的重要平台。此外，主题教育馆的建设将遵循阶段性原则，2022 年 1 月底前完成一期项目建设，2022 年底前完成二、三期项目建设。主题教育馆分三期工程建设，一期为主题教育主体展馆，规划投资 860 万元，2022年 1 月底前完成；二期为礼堂多功能厅建设项目，规划投资 280 万元，2022 年底前完成；三期为附楼功能提升改造项目，规划投资 100 万元，2022 年底前完成。思政课虚拟仿真实践教学的载体主要是其中的二期工程。

与此同时，已建成并投入使用多年的大理大学生物科学馆和民族艺术馆可以与主题教育馆协同联动，形成合力，是思政课虚拟仿真实践教学的重要依托平台。新时代，在推进生态文明建设的进程中，做好习近平生态文明思想的"三进"工作，加强大学生的生态文明教育显得尤为重要[①]。生物科学馆是一个集人才培养、科学研究、科普教育和标本收藏于一体的综合平台。该馆从学校师生 40 余年教学、科研和实践活动中积累的 40000 多件生物标本中精选出 2000 多件用于展出，着力体现滇西北地区的生物多样性，重点突出苍山洱海地区生物资源的优势和特色，意在引发人们对人与自然和谐发展的思考。因此，生物科学馆在

---

① 陈欣等. 浅议生态文明建设与加强大学生生态文明教育［J］. 当代教育实践与教学研究，2018（07）：200-201.

思政课的实践教学，尤其是在生态文明教育方面可以发挥重要的作用和影响。

习近平总书记在"七一讲话"中，提出了"两个结合"的新论断，尤其是创新性地提出了马克思主义中国化是马克思主义基本原理同中华优秀传统文化的结合。显然，继承和创新中华优秀传统文化是高校立德树人的必然使命。民族艺术馆以滇西各少数民族地区的民间艺术形式为主要研究对象，以打造民族地域性艺术学科特色、创立传承与创新相结合的艺术创作品牌并以此为建设目标，以民间艺术活态收集传承、数字化处理、教学研究、学术交流、创意开发等为主要途径，充分利用滇西丰富的少数民族民间艺术资源，把本馆建成省内一流、国内有影响，集收藏、展示、传承、教学和研究于一体的多功能艺术馆。目前，一期建设已建成1个民族民间艺术品展示区，民族服装工作室、民族乐器制作工作室、白族木雕工作室、茶马古道艺术工作室、民族音乐工作室等5个工作室和1个学术厅。可见，民族艺术馆在思政课的实践教学中可以利用其独特的教学情境和丰富的民族文化资源为虚拟仿真实践教学提供重要的载体。

总之，大理州铸牢中华民族共同体意识主题教育馆建设项目不仅与大理州委、州政府铸牢中华民族共同体意识有关工作部署紧密结合，而且紧紧围绕立德树人的根本任务，适应新时代对人才培养提出的新要求、当代大学生成长的新特点、信息化时代教学模式发展的新趋势，形成政治性强、思想性高、体验性好的实践教学平台，着力提升思政课教学的时代感、吸引力和实效性。

四、以"面"推广：大理大学滇西高校课程思政虚拟仿真教学实验中心的规划

虚拟仿真实验教学中心是高等教育信息化建设和实验教学示范中心建设的重要内容，是学科专业与信息技术深度融合的产物，更是实验教学的发展方向，重点是建设信息化实验教学资源。高校虚拟仿思想政治理论课体验教学中心是以虚拟仿真技术为主的信息技术与思政课教育教学深度融合的产物，是一种具有创新性和现代化特征的思政课实践教学形式。"中心"通过虚拟仿真技术和平台的应用，借助通过模拟视觉、听觉、触觉等感官而生成的虚拟环境，开展具有思政课教育意义和教育内容的仿真实训活动，这种教学形式既适用于课内与课外，也适用于校内与校外，能够真正做到虚实结合，虚拟仿真技术与传统思

政课教学模式的深度融合。高校思想政治理论课实施虚拟实践教学，能够有效解决当前大多高校思想政治理论课传统实践教学中面临的现实制约，大大提高高校思想政治理论课实践教学的承载力，并能为高校思想政治理论课带来全新的教学理念和教学模式。

新时代，"课程思政"是大思政格局建设的必要环节。教育部明确提出，要促使课程思政理念融入教学育人全过程，形成"校校有精品、门门有思政、课课有特色、人人重育人"的良好局面①。从受众面而言，我校将以思政课虚拟仿真实践教学为主体，规划建设覆盖全校乃至滇西地区各高校所有学科专业都能受益的大理大学滇西高校课程思政虚拟仿真教学实验中心。当前，也力争获得中央财政支持地方高校本科教学改革项目的支持。该规划也将有力整合校内外"思政课程"与"课程思政"资源，对提升课程思政教师素养和培养学生实践能力和创新素质方面发挥重要的作用，为充分发挥"实验中心"在人才培养方面的示范和辐射作用，为提高虚拟仿真试验教学中心的建设和管理水平，实现资源共享，推进教学改革，提升学校办学水平和人才培养质量。

大理大学滇西高校课程思政虚拟仿真教学实验中心借助滇西地区多所高校合力和多样化资源的优势，挖掘、整合马克思主义中国化最新成果在边疆地区的生动实践、滇西地区丰富的红色文化资源、滇西地区多样化的民族文化资源、滇西地区乡村振兴和社会治理以及"健康中国"建设的典型案例等五大特色品牌，以滇西高校思想政治理论课实践教学虚拟教研室和铸牢中华民族共同体意识主题教育馆为平台，构建"线上+线下"的课程思政教育教学新模式。

"实验中心"集交互性、沉浸性、时代性和趣味性于一体，结合教学规律和新时代大学生特点，运用 VR（虚拟现实）、AR（增强现实）、MR（混合现实）和流媒体、超高清等技术手段，通过虚拟仿真技术为思想政治理论课和各类专业的课程思政建设提供直观、形象的思维材料；通过情景模拟，历史再现、角色体验等方式，吸引学生参与，寓教于乐，能够极大调动学生上课积极性，提

---

① "全面推进高等学校课程思政建设工作视频会议召开———抓准抓实　全面推进高校课程思政建设取得实效"，中华人民共和国教育部网站，2020 年 6 月 9 日，网址：http：//www. moe. gov. cn/jyb_ xwfb/gzdt_ gzdt/moe_ 1485/202006/t20200609_ 464012. html，最后登录时间：2022 年 2 月 26 日。

升教学效果，形成"课内与课外互通、线上与线下互联、现实与虚拟互补"的特色教学模式，使学习过程带给学生更真实、更身临其境的体验，提高课程思政的感染力、吸引力、亲和力，使各类课程与思政课程同向同行，将显性教育和隐性教育相统一，形成协同效应，构建全员全程全方位育人大格局。

"实验中心"以线上+线下的方式协同联动，助力打造专业育人、课程育人、课堂育人和实践育人相统一的课程思政育人体系，促使课程思政理念融入教学育人全过程，形成"校校有精品、门门有思政、课课有特色、人人重育人"的良好局面。

"实验中心"旨在发挥大理大学作为滇西地区高校领头雁作用，运用虚拟仿真技术打造集交互性、沉浸性、时代性和趣味性于一体的教学环境，以新技术改进教学方法，提升学习成效，拓展教学空间，开展体系化"课程思政"育人机制研究，建设一个在课程思政领域引领和带动滇西地区高校提升铸魂育人能力的"智能+"新型实验教学平台。

"实验中心"通过建立滇西高校课程思政教学资源数据库，最大限度整合滇西地区多样化的民族文化资源、丰富的地方红色文化资源、多样化乡土文化资源以及脱贫攻坚、乡村振兴建设成就等资源。为本科生、研究生课程实践教学的开展提供强有力的支撑，也可以实现滇西高校优质教学资源的共建共享。此外，"实验中心"将滇西地区丰富的红色资源、脱贫攻坚、乡村振兴建设成就，民族团结示范创建，生态文明的大理实践成果直观、最大限度地展现给学生，生动形象的教学模式，使学生清楚认识到中国特色社会主义建设成就，增强对中国特色社会主义的认同，增强社会主义和共产主义的理想信念，自觉坚定"四个自信"增强"四个意识"，做到"两个维护"。

"实验中心"建设一方面能提升大理大学课程思政育人的实效性，让学生有更多获得感；另一方面，为其他高校利用 VR 技术进行思政课实践教学开拓新经验和路径。"实验中心"的建设，将从教学层面、思政教育层面、爱国主义教育层面、公共服务层面等多方面综合考量，对学生的学习爱国、爱党情怀和自身专业的提升、学校的宣传都有良好的效果。

结语

以"点—线—面"一体化构建为特征的大理大学思想政治理论课虚拟仿真实践教学探索是虚拟仿真技术与思想政治理论课教育教学深度融合的产物。虚拟仿真实践教学作为新技术与思政教学结合的新事物，大理大学能够在探索与实践的过程中，以"学生骨干宣讲法"为基石，依托"滇西高校思政课实践教学虚拟教研室""大理州铸牢中华民族共同体意识主题教育馆""大理大学滇西高校课程思政虚拟仿真教学实验中心"，形成了以"点"辐射、以"馆"串"线"、以"面"推广的思想政治理论课虚拟仿真实践教学一体化构建路径，为高校思政课程建设提供新思路新方法新途径。突破了传统思政课以理论说教为主的"灌输式"式教学模式，建立了具有沉浸感、临场感和交互感的虚拟仿真实践教学场景，进而创造真实的学习感知，激发了学生对思政课的学习兴趣、强化了思政课知识点的融会贯通，实现了大理大学思想政治理论课教学在时代感和实效性上的不断增强。

第五节　运用红色文化提升高校思想
政治理论课教学实效性研究

党的十八大以来，习近平总书记高度重视继承和发扬红色文化，他多次指出，"历史是最好的教科书""中国革命历史是最好的营养剂"，强调"要把红色资源利用好、把红色传统发扬好、把红色基因传承好""要让红色基因代代相传"①。当前，我国正处于社会快速发展的转型期，各种思想文化交流交融交锋愈加频繁激烈。有些大学生由于受到不良文化思潮的影响，容易陷入历史虚无主义的泥淖，甚至做出某些歪曲革命历史、诋毁革命英雄的恶劣行为，触犯了道德和法律的底线。党领导人民在革命、建设、改革中创造的革命文化是我们坚定文化自信的重要根基，是坚持正确政治方向的有力保障，将红色文化融入高校思政课，不仅是新时代继承和发扬革命传统的题中应有之义，而且能够切实提高大学生的思想水平、政治觉悟、道德品质和文化素养，有利于他们健康成长成才。近年来，红色文化作为优质教育资源越来越受到各方重视，许多高校都在积极探索如何将红色文化融入思想政治教育，发挥其独特的育人价值与功能，形成了诸多颇具影响力的理论研究和实践成果。这为新时代在改进中加强红色文化融入思政课提供了有益的借鉴和启迪。

将红色文化融入高校思政课，首先涉及两者如何相融的问题。由于红色文化和思政课的内容都十分庞杂，所以以往的做法大多缺乏整体设计，只是把红色文化作为教学素材，零散地嵌入思政课的教学过程，实际上很难实现深度融入的效果。要想真正实现两者的有机统一，就必须明确思政课的主体地位，做

---

① 习近平．论中国共产党历史［M］．中央文献出版社，2021.

好教材分析，找准红色文化融入其中的切入点。事实上，不管是根据问卷调查，还是在其他学者的调研中，教学模式单一、内容枯燥、方法落后长期以来都是困扰红色文化更好地融入思政课教学的瓶颈。如何突破瓶颈，增进思想政治教育的亲和力和针对性，就需要我们沿用好办法、改进老办法、探索新办法，做好教学创新。

一、《中国近现代史纲要》的探索与实践

《中国近现代史纲要》课程（以下简称《纲要》），作为全国各高校马克思主义学院四门思想政治理论主干课程之一，是一门史学性很强的学科，这决定了它与其他三门思想政治理论课相比，具有独特的特点和要求。除了要切实加强思想阵地建设、为社会主义事业培养合格的接班人外，还承担着帮助学生"认识近现代中国社会发展和革命、建设、改革的历史进程及其内在的规律性，了解国史、国情，重点在于帮助学生理解历史和人民如何选择了马克思主义，选择了中国共产党，选择了社会主义道路，选择了改革开放"。进一步树立"只有社会主义才能救中国、只有中国特色社会主义才能发展中国"的信念，坚定不移地坚持和发展中国特色社会主义。然而，以往《纲要》课程教学模式过于强调史实的填鸭式灌输与宏观历史的探讨，对本土史实与案例教学的重视不够，忽视了学生理论联系实际的能力与微观历史解读法的培养，导致教学效果不佳。面对这种问题，结合本土实际，运用地方红色资源，实施案例教学和实践教学的灵活穿插，既可拉近学生与历史的时空距离，增强学生的爱国爱乡情结，又有助于提高思想政治理论教育的亲和力，取得良好的教学效果。

大理本土红色文化资源丰富，为案例教学开展提供了坚实的史实支撑。红色文化包括广义和狭义两个层面。广义的红色文化是指世界社会主义和共产主义运动整个历史进程中形成发展的人类进步文明的总和。狭义的红色文化是指中国共产党领导人民进行的革命和建设进程中形成发展的，以社会主义和共产主义为指向的，把马克思列宁主义与中国实际相结合，兼收并蓄古今中外的优秀文化成果而形成的文明总和。本文探讨的主要是狭义的红色文化。按照它的存在形式，又分为物质层面和精神层面。其中革命旧址、名人故居、博物馆、纪念馆、烈士陵园等属于物质层面的红色文化资源，而科学理论、伟大精神和

革命经验等则属于精神层面的红色资源。

大理地区红色文化资源禀赋厚重，浓缩了中国共产党领导大理人民进行革命、建设和改革发展的辉煌历史，是中华民族精神的重要体现，也是大理不断发展进步的动力源泉，是大理人民共有的精神家园。把地方红色文化运用到《纲要》教学中，不仅可以把该门课程较好地由教材体系转化为教学体系，而且可以让红色文化"活"起来、"动"起来、"新"起来，提升教学的实效性与趣味性，从而取得良好的教学效果。

新教材修改后，课时增加，为红色文化渗入案例教学提供了现实基础。2005年，《纲要》课程在全国高等院校陆续开设，成为我国高校本科生必修的一门思想政治理论课。在2018年新教材修订之前，这门课程在很多高校都只占2个学分，共36学时（每周3学时）。要在有限的课时里讲授自1840年至今这样一个跨度近180年的历史进程，并达到教学目的，并不是一件轻松的事情。为了完成授课任务，理论授课内容不得不高度凝练，课程的讲授有时就显得走马观花，实践课程也难以真正开展。为了改变这种状况，在2018年以前，《纲要》编写组在广泛调研的基础上，已先后对教材进行了5次修订与完善。2018年，为推动习近平新时代中国特色社会主义思想进教材、进课堂、进头脑，深入贯彻落实党的十九大和十九届二中、三中全会精神，中宣部、教育部组织专家对教材再次进行了全面修订。伴随着《纲要》授课内容的增加，《纲要》课时也发生了变化，由原先的2个学分变为3个学分，总学时也变为54学时，这就为我们灵活运用大理地区红色文化资源进行案例和实践教学提供了现实条件。

大理红色文化资源融入"中国近现代史纲要"案例教学的运用路径。大理丰富的红色文化资源及新教材修订后课时的增加，这些都为我们开展案例化教学提供了坚实的史实支撑与现实土壤。红色文化融入《纲要》教学，不仅能充实理论课的教学内容，提升课程亲和力，而且能通过开展课外实践教学，加深学生对地方党史的了解，从而更好地实现《纲要》课的教学目标。

第一，课堂教学——红色案例引入需合理选择与灵活穿插。

选择合适的案例是实施《纲要》课案例教学的首要和关键。大理地方红色资源较为丰富，在课堂讲授中，从教学实践出发，有选择、有针对性地将本土红色文化案例与教材内容相结合，缩短学生与教材内容的时空距离，既能丰富和充实教材内容,又有利于增强学生对于地方党史的感性认识,激发学生爱乡爱国热情,强化思想政治教育的效果。当然,案例教学对于《纲要》课来讲,是一种教学手段的创新,教师不能为了案例而案例,适合案例教学的地方就选取案例,不适合的地方就仍坚持传统的授课法,两者结合才能更好地达到本课程的教学目的。

第二,课内实践——红色文化引入可形式多样。

为了丰富《纲要》课教学形式,开阔学生视野,我们可以安排三周左右的课内实践教学。在这个过程中,可灵活运用本土红色文化资源。一方面转换教学模式,尝试"翻转课堂",由学生承担课堂讲授的主角,授课老师进行把关点评。可设定选择诸如"红军长征过大理""我看大理近代革命人物"等议题,引导学生加强对乡土红色文化资源的发掘与革命案例的调查,鼓励学生分组进行 PPT 展示与微视频展播。另一方面,在由学生参与的案例展示中,往往会形成十分热烈的讨论,讨论的结果有时与案例设置的结论背道而驰,教师需要积极引导学生进行正确的思维,对学生讨论的结果和案例中的结论进行对比分析,促使学生对自己的判断深入思考,在此过程中帮助学生树立正确的历史观,形成科学的思维方法。

第三,课外实践——立足红色传承教育基地,深入推进"学生骨干宣讲法"实践教学活动。

在 2005 年,《中共中央宣传部教育部关于进一步加强和改进高等学校思想政治理论课的意见》中指出:"高等学校思想政治理论课所有课程都要加强实践环节。要建立和完善实践教学保障机制……要通过形式多样的实践教学活动,提高学生思想政治素质和观察分析社会现象的能力,深化教育教学的效果。"2008 年 9 月,宣传部、教育部发布《关于进一步加强高等学校思想政治理论课教师队伍建设的意见》,强调要利用各类博物馆、纪念馆、展览馆、烈士陵园等有教育意义的场所,开展实践教学。2017 年 2 月,中共中央、国务院印发《关于加强和改进新形势下高校思想政治工作的意见》,再次强调要利用重大历史事件纪念活动、爱国主义教育基地、国家公祭仪式等组织开展主题教育。2019 年 9 月,中央颁布《新时代爱国主义教育实施纲要》,强调在新的历史条件下,加强爱国主义教育,继承和发扬爱国主义传统。实践教学作为全程育人中重要的

"第二课堂"，是新形势下深化高校思想政治理论课教学改革创新的重要方面。《纲要》课开展课外实践，可以立足大理地区博物馆、纪念馆、烈士陵园等红色教育基地，将教学活动从教室、学校延伸到红色传承教育基地，实现从理论到实践、从课堂到社会的巨大转变，真正将思想教育的成果"内化于心，外化于行"。具体来讲，一方面，我们可以筛选部分学生骨干，利用周末或重大历史事件节点，就近参观大理地区已开放的革命旧址、博物馆、纪念馆等爱国主义教育基地，对大学生进行理想信念教育。另外，为扩大学生受教育面，还可利用寒暑假，号召学生以"家乡红色文化""家乡社会变迁"等为议题，开展假期社会调查等实践活动。通过实地考察和调研这些红色教育基地，在身临其境的感受中，让历史从平面变为立体，由沉闷变为鲜活。充分利用这些"活着"的历史，让学生切实感受"活着"的历史，增加历史分析与现实关怀，激发内心深处的文化认同与价值认同，从而引起心灵的共鸣和思想的震撼。今昔生活的强烈对比，更能激发学生的爱国之情与报国之志，取得良好的思想政治教育效果。

二、《马克思主义基本原理》的探索与实践

马克思主义基本原理概论课，主要研究、讲授马克思主义普遍真理和科学体系，是一门理论性强、思辨性高、难度较大的课程。而这一门课程教学的特殊性又在于"不能仅仅停留在理论教学本身，而必须把理论转化为学生的思想政治素质"。理论教学侧重于系统探索、揭示自然界和人类社会发展的一般规律，着力于对外在的客观世界运行一般规律的解答；而本门课的终极价值却指向了人的内在心灵世界，以改造主观世界、进行思想塑造为落脚点。"着力点"与"落脚点"固然不是互不相干的，诚如有学者指出的，"大学生深层次的思想认识问题往往以理论形态表现出来，体现为在实践基础上产生的大量的思想迷茫与理论困惑"。但不容否认的是，"着力点"与"落脚点"毕竟不是一回事，在实际教学中如果处理不好，就容易将马克思主义基本原理概论课讲成纯理论课、知识课而背离思想政治理论教育的宗旨。协调两者之间的关系，使之保持合理的张力结构，红色文化资源的融入是一条很好的路径。

第一，明确教学理念。马克思主义基本原理概论课是知识性与思想性相统

一、理论性与政治性相支撑的课程，其中，政治性、思想性是其特有属性。为此，课堂教学不能仅传授理论，相反，要以知识、理论为载体，传递思想、彰显文化，输送与之相应的世界观、人生观、价值观；并进一步以思想、观点、文化为中轴，统摄知识、透视理论，实现理论灌输与政治认同的同步完成。中国共产党在用马克思主义基本原理指导中国革命的具体实践中，创造了熠熠生辉的红色文化，那么，红色文化就是现实版的马克思主义理论，中国版的马克思主义思想，具象化的马克思主义精神。进行马克思主义基本原理、基本理论的教育，坚持理论与实际相结合的原则，就离不开现实版、中国版、具象化的红色文化。不仅离不开，而且要以红色文化基因的传承、红色文化精神的弘扬为己任。只有这样，思想政治理论课的社会主义本质特征才能彰显，直接学科德育的课程定位才能名副其实，"重点解决学生的主要思想问题"的目标才能实现，提升学生思想政治素质的核心目标才能落实。

第二，渗透教学内容。马克思主义基本原理概论教材中，没有直接的、现成的红色文化素材，但这并不妨碍红色文化进入课堂教学，因为教材内容虽然是教学内容依托、基本构件，但不是教学内容的全部。教学内容与教材内容之间整体与部分的关系，为统一教材背景下红色文化融入马克思主义基本原理概论课堂教学提供了可能。红色文化融入教学内容，重要通道是在教学内容呈现方式的设计上。教学内容采取何种方式呈现，事关教学内容如何向学生素质的转化。如果呈现方式不对，再好的教学内容也无法转化为学生的素质。在教学内容呈现方式的设计中，红色文化资源大有作为。例如在讲"人民群众是历史的创造者"时，要求学生利用各种渠道，自行搜集、整理中国共产党在革命战争时期的一些资料，结合教材，畅谈人民群众的历史作用，然后再由教师引导、归纳和总结。再如，在讲到国家政党问题时，于课前课后播放红色歌曲《十送红军》。这种教学设计，就将系统理论与红色文化、科学知识教育与意识形态教育统一起来，以"润物无声"的形式，促进了红色文化的传播，红色精神的传承，促进大学生对主流意识形态的选择与认同。

第三，选择教学策略。教学策略是指为实现教学目标而对教学活动进行的策划和谋略。马克思主义基本原理概论课的教学目标具有层次性，终极教学目标是引导学生把马克思主义的思想观点方法内化为自己的思想道德素质、外化为自己的良好社会行为习惯；初级教学目标则是帮助学生整体性把握马克思主义，正确认识人类社会发展基本规律。初级教学目标是终极教学目标实现的中介、桥梁。但问题是，"知识一旦形成，便是可以独立存在的、静态的观念系统或理论体系，作为知识的课程，与学习者之间并不存在着必然的联系……是外在于他们的"。这就是说，理论与素质、知识与信仰之间并不具有直接的一一对应关系，不是解决了"知"的问题，"信"的问题就水到渠成；不是掌握了马克思主义理论、观点，就能自然而然地融入学生内心世界，触发其思想转变、认识提高；不是占有了初级教学目标，就自然而然通达终极教学指向。从初级到高级的跃迁、从知识掌握到心灵化育的实现，是一个极为复杂的过程，必须精心筹划，策略安排。其中，适当引入一些有价值的典型事例和内容，处理好理论的思辨性与生活的现实性、思想的深刻性与素材的直观性之间的关系，往往会达到事半功倍的效果。例如在讲"内容与形式的辩证关系"时，出示井冈山革命斗争时期带着错字的入党申请书，播放一段经典红色歌曲，讲述重走朱毛红军挑粮小道的艰辛等，不仅有助于抽象理论的理解，而且以深层次的理论为桥梁、手段、媒介，解决实践中的思想迷茫和信仰迷失问题，从而将一般意义的理论教育、知识教育提升到意识形态教育的高度。

第四，拓展教学方式。大力推进微课、翻转课堂、网络课堂等新型教学模式和讨论式、专题式、案例式、体验式等教学方式。这样的教学模式、方式与马克思主义批判、反思的本性相契合，同时也更利于红色文化的进驻课堂。例如翻转课堂，教师可以把三湾改编时创立的"士兵委员会制度"拍成微视频，让学生在看视频、查资料的基础上进行哲学审视，课上教师引导、点评、答疑解惑。提供毛泽东在井冈山以及周边地区开展调查的素材，以及基于调查做出的科学决策，引导学生领悟马克思主义的理论魅力。再以微课为例加以说明。教师把生动、鲜活的红色文化资源引入微课，再把微课作为一个"标准零件"引入原理课教学，嵌入知识点或某一教学环节之中，这样不仅提高教学质量，提升学生能力，而且在师生内心世界的成长上发挥作用。

第五，完善教学评价。教学评价是评价者按照一定的标准对教学的各种状况进行价值判断的过程。进行教学价值判断评价的主体是多面的，教学价值评价的结果也可能是多样的。但不同主体的差异性结果是否公正，关键取决于价值标准。马克思主义基本原理概论课的教学期待、教学评价标准应该是育心与育智的统一、"知道"与"信道"的协调。由此,在总结性评价中,注入红色素材,让学生运用马克思主义立场、观点、方法进行分析、解读;在形成性评价中,把对红色文化资源的了解情况,列入拓展性考核内容;在诊断性评价中,了解学生对红色文化资源的认知、掌握情况。

三、《思想道德与法治》的探索与实践

思想道德与法治课以爱国主义、集体主义为主线,通过开展世界观、人生观、价值观、道德观、法治观教育,引导学生树立崇高的革命理想和高尚的道德品质的思想政治理论课程(以下简称《思修课》)。旨在为社会主义现代化建设培养合格的接班人。从课程的编排体系来看,它的主要内容与红色文化的三个方面的主要内容有很大的吻合性,因此,将红色文化所蕴含的深刻思想内涵和教育价值作为一种优质的教育教学资源引进《思修》的实际教学中,对于推进红色文化及其研究成果在高校《思政课》中的运用,对于加强和改进"思政课"建设具有极其重要的作用,它可以通过有形有声有色的实物、图片、文字激发学生的学习热情,又可以起到润物细无声的效果。

第一,以课堂为主阵地:教师讲授、视频展播和学生感受三位一体。课堂一直以来是思想政治理论课教师的主阵地,教师应充分利用课堂讲授相关红色文化知识是传统的教学方法。随着现代教育技术的发展,教师可以利用多媒体手段再现革命的艰苦场景,使学生触景生情,深刻体会取得革命、建设成功的不易,在中国近代和现代历史上革命先辈们为了实现我们的共同理想奋斗一生,更有很多有志之士为此献出自己年轻的生命,这就是活着的意义,人既来自社会,也要回报于社会。除此之外,亲身体验使思想政治理论课堂变得生动的新方式。比如,在每学期定期组织学生参观红军长征过的大理陈列馆、周保中将军纪念馆等,要求学生拍摄图片、收集资料、制作成PPT,整理成讲稿,在全班同学中讲一节课,把自己的感悟与同学分享,帮助大学生重温历史、坚定信念、提升认识。教师讲授、视频展播和学生分享使红色文化的传播在课堂中得到了多样化的展示,多角度、全方位地使学生深刻体会,入脑入心。

第二,以红色校园文化氛围为辅,延伸课堂讲授内容。校园是大学生学习

生活的主要场所，我们可以充分利用这个场所延伸红色文化。学校可以充分营造校园红色文化传播与教育的氛围。充分利用课堂主渠道，发动学生通过网络和图书馆收集资料，组织红色演讲、开展红歌竞赛等，比如学校党委宣传部或校团委主办的微信公众号，定期进行红色文化的宣传教育，学生可以通过浏览网页进行爱国主义的教育，对学生也是一次心灵的洗礼。再比如在特定日子举行的各种活动，如唱红歌、红色主题朗诵会、红色主题知识竞赛、红色主题图片展，都推动红色文化进校园、进课堂的方式。通过多种形式的校园文化活动，既营造了教育氛围，又使学生在"润物细无声"中受到了潜移默化的教育。

第三，以红色文化爱国主义教育基地为实践基础，带领学生参观红色传承教育基地。近几年，在学校党委的大力支持下，学校先后组织思想政治理论课教师到井冈山、延安等红色历史基地参观考察学习，让大家深受教育，收集了大量的红色资料，又通过整合把它们引进课堂。比如讲理想信念这一章时，可以给学生播放视频《走近毛泽东》，让学生真正理解理想信念；在讲爱国主义时，可以把在延安、井冈山等地拍摄到的历史图片展示给大家，让学生深刻领会什么叫爱国、爱人民、爱自己的文化。课堂教学中还可以通过案例教学、讨论式教学，创设不同的教学情境，将红色文化所演绎的一幕幕历史话剧、所谱写的一曲曲光辉乐章，尤其是凝聚在其中的英勇顽强、百折不挠的革命精神引入课堂，使学生身临其境，帮助学生了解党带领人民进行革命和建设的奋斗史，从中汲取精神的力量，使思想得到洗礼，精神得到升华，使红色文化的内容与学生的心理情感相融合，起到育人的作用。

四、《毛泽东思想和中国特色社会主义理论体系概论》的探索与实践

《毛泽东思想和中国特色社会主义理论体系概论》以下简称《概论》课是向学生介绍中国化马克思主义的理论成果，不仅富有理论性，而且政治性很强；涉及的内容十分广泛，涵盖了近代以来中国政治、经济、文化、社会、内政、外交、国防、党建、革命、改革、发展和稳定等内容，每个方面都涉及理论和知识、历史和现实，及党的十八大以来的新的理论成果，涉及的知识非常多，作为政治课教师，能否恰当地选择和运用有效的教学资源开展教学活动，让学生感到有兴趣，愿意学，并且在学习后有收获，是实现该课程教学目标，提高

教学实效性的关键。当代大学生都是"90后""00后"的青年人，革命与战争对他们来说是陌生和遥远的，要使大学生了解中国新民主主义革命和社会主义革命、建设的发生、发展，有必要在《概论》课教学中用红色文化对他们进行中国革命史教育、中共党史教育、爱国主义教育、集体主义教育和社会主义教育。这样有利于把大学生培养成德才兼备的中国特色社会主义事业的建设者和接班人。

红色文化融入《概论》课教学的实践探索遵循优选教学内容以满足学生成长需要的设计理念，实现了教材体系向教学体系的转化，围绕马克思主义中国化这一历史发展脉络，构建"时代主题引导，红色文化融入"的专题化教学模式，创建"讲好中国故事，传唱中国声音"为主旨的实践教学体系，将教材重点、难点与学生关注点相结合，很好地实现了理论与实践、历史与现实的统一。

第一，优化整合教学内容，实现教材体系向教学体系的转化。

《概论》课教学重点是培养学生运用马克思主义的立场、观点和方法分析问题、解决问题的能力，增强贯彻党的基本理论、基本路线、基本纲领以及各项方针政策的自觉性、坚定性，积极投身到实现中国梦的伟大实践，而难点在于如何使《概论》课的教育能进一步入脑入心，收到更好的实效。所以在实际讲授过程中我们以教育部制定的教材为授课蓝本，同时结合当代大学生的实际需要，对教学内容做了优化整合，加以浓缩提炼，按专题进行讲授，实现了教材体系向教学体系的转化。

课程教学内容的优化整合和教学体系的设计始终贯彻"政治修养有提升，个人素养有提高，生活行动有体现"的教学理念。比如给大学生讲授红色伟人人格魅力时，很多学生懂得了自己以后应该成为像老一辈革命家那样大公无私、爱国爱民、鞠躬尽瘁、死而后已的人，成为高尚的人。所谓"生活行动有体现"，指的是学生在学习了这门课程的相关理论知识之后，能够把理论知识应用到现实生活当中去指导自己的行为，做到知行合一。这种教学理念体现了与高职学生成长成才主线的结合，将教学从单纯注重知识的传授转向重视对学生认知、情感和能力的培养上，结合学生在学习这门课时遇到的问题，进行重点阐述，将思想政治理论教育从知行分离转向知行合一、学以致用，增强了思想政治理论课教学的针对性和实用性。

在教学内容优化整合方面，实时注重结合学生的思想状况。对教材内容优化整合的设计主要是基于两点考虑，一是结合《概论》课的人才培养目标，二是结合大学生现实生活中遇到的热点、难点问题，特别是针对我校学生思想实际问题。从 2019 学年开始，在全校范围内对本科生进行思政课学习情况为主题的调研，注重了解学生的思想状况、道德修养、心理素质、学习态度、课程需求等几个方面，密切关注新时代学生的思想状况，从加强新时代大学生针对性、实效性入手，对《概论》课教学内容进行了新的课程框架设计，使学生能够站在国家乃至全球的视角思考政治、经济、文化等社会发展变化的因由、趋势和问题，提高理论联系实际的分析判断和解决问题的能力，为专业技术的施展奠定思想基础，使大学生成为社会主义事业的合格建设者和接班人。

第二，构建"时代主题引导、红色文化融入"的专题化教学模式。

党的十八大以来，习近平总书记反复强调文化自信，而文化自信最重要的是对中国共产党领导人民群众近一百年来在革命、建设和改革过程中创造的革命文化、社会主义先进文化的自信。红色文化尤其是红船精神、井冈山精神、长征精神、延安精神、西柏坡精神等红色革命文化对于帮助新时代大学生树立文化自信至关重要。如何将红色文化的育人功能与高校的思政课教学相融合，将学生的内在精神需求与思政课教学目标相统一，是这些年在推进《概论》课教学实践探索中一直在思考的问题。为此，按照马克思主义中国化的历史进程，可以采用一首红歌，一位红色伟人，一种思想理论的设计思路，构建《概论》课的知识传授与价值塑造相统一的红色主题教学法，按专题进行讲授，分模块进行教学。每个专题内容的展开都由浅入深、由简到难、层层递进。这种专题化的教学模式最大的优势就是可以激发学生参与学习的兴趣，用通俗易懂的红色歌曲导入，接着跟同学们回忆伟人和国家领导人、红色英雄人物的生平经历，领略他们的人格魅力，在此基础上由浅入深去讲解他们治国理政的思想，这样学生接受起来比较容易，能让学到的政治理论入脑入心。

第三，实施线上线下相结合的混合式教学方式。

在推进"时代主题引导，红色文化融入"的专题化教学模式的实践探索中，尝试性配合实施混合式教学方式的改革，改变了传统的单纯灌输式教学方式，采用线上和线下相结合的教学方式。可以采用慕课、微课、雨课堂等现代传播形式为载体的红色文化教学方式。无论是线上和线下学习都探索和实施探究式、互动式教学方式，充分调动同学们参与的积极性，双向互动，教学相长。《概论》是公共必修课，上课的班级和人数较多，由于课堂时间有限，课堂参与率不可能太高，线上学习弥补了这一缺憾，同时给课堂上没机会参与或者性格比较内向的同学提供了一个灵活参与的平台。

第四，采用师生双向交流的多样化教学方法。

在红色文化融入《概论》课教学的实践探索中，积极尝试采用师生双向交流的多样化教学方法，发挥学生在学习中的主体性地位，激发学生的学习兴趣，增强学生学习的积极性。比如自制多媒体课件，结合相关的音频、视频资料，使教学更加生动、直观、形象。同时，充分利用网络资源，及时搜集最新学术研究成果及理念，结合当前热点和学生关注问题，采用理论与现实相结合的方式，增强讲授的针对性和时效性。在课堂教学中，可采用课堂讲授、讨论、辩论、红色文化主题演讲、红色经典朗读、课件展示、手工作品展示、红色影视赏析等多种形式的教学方法。

第五，创建"讲好中国故事、传唱中国声音"为主旨的实践教学体系。

2014年5月习近平总书记在北大考察时指出："道不可坐论，德不能空谈。于实处用力，从知行合一上下功夫，核心价值观才能内化为人们的精神追求，外化为人们的自觉行动。"也就是说，在大学生思想政治教育中，既要注重理论教育，又要注重实践教育，强调行为养成，实现知行合一。《概论》课开设的主要目的是对学生进行系统的马克思主义中国化理论教育，帮助学生系统掌握毛泽东思想和中国特色社会主义理论体系的基本原理。而这些理论知识必须在内化的基础上进行外化，才能真正发挥指导学生日常行为的作用，这个过程必须通过让学生不断地参与社会实践活动才能完成。同时，在《概论》课的教学中要特别注重理论联系实际，强化大学生的实践活动，创建以红色文化为载体的，"讲好中国故事，传唱中国声音"为主旨的实践教学体系，以体现《概论》课教学的实践价值。

以五四爱国主义教育为契机，结合不同年份国家重大纪念日和重要事件，在五四青年节前后，组织学生进行学唱"四首歌"比赛，这种与爱国主义教育有机结合的"红歌赛"，已成为校园文化的重要组成部分。在红色文化融入《概论》课教学的实践探索中，还可以不定期地举办红色诗歌朗读、红色经典文学作品、影视作品读后感和观后感征文比赛等一系列校内活动竞赛、比赛。应对大学生进行及时有效的爱国主义教育，因为，这些以红色文化为载体的比赛和竞赛可以激发大学生的爱国热情和激情，能增强他们的历史使命感和社会责任感。此外，可以协同校团委开展大学生"三下乡"、支教、参观红色爱国主义教育基地等实践活动。通过与这些教育基地签订书面协议和正式挂牌的方式，从机制上保证了实践教学基地的长期性、稳定性和实效性。

红色文化是一座精神丰碑，彰显着中华民族精神和中国共产党的斗争精神。红色文化蕴含着许多生动感人的革命事迹，红色文化教育直观生动，感染力强。在《概论》课教学工作中加强红色文化教育，能够使大学生产生心灵上的共鸣、思想上的共识，符合教育的规律，能够增强课堂教学的生动性，调动学生学习热情；能够提高大学生的政治素养和理论素养。

结语

红色文化资源是从我国革命年代一直延续到现在保留下来的宝贵文化形式，是我国高校思想政治教学过程中的重要文化基础和资源支撑。近年来，随着教育改革的不断深化，高校思想政治教学改革也在如火如荼地开展当中，将红色文化资源运用到高校思想政治教学中，不仅可以为高校思想政治课提供新的教学方式，推动其创新，而且对提升高校思想政治教学工作的效率、落实其"立德树人"职能也有着重要的现实意义。因此，我们仍要加大对红色文化资源在思想政治课中的运用探索，从而为高校思想政治教学注入新鲜的血液。

第三部分 03

【红色传承篇】

第一节　大理大学红色文化育人体系的构建、实践与推广

一、案例概况

（一）育人传统

红色文化是中国共产党在中国革命和建设时期创造的具有育人特质的精神财富。习近平总书记强调："要用中华民族创造的一切精神财富来以文化人、以文育人。"① 作为文化育人的主阵地，高校理应开发、构建和创新红色文化育人的体系，承担起运用红色文化资源育人的重大使命。滇西地区虽处西南边陲地带，但在近代以来的历史发展中也形成了丰富的红色文化资源，具有鲜明的区域特色和地方时代特征。大理大学立足地方办学，以传播传承优秀民族文化、革命精神为己任，致力于研究地方红色文化，转化育人因素，融入课程，建构红色文化育人课程体系。在近五年的教学科研实践中，形成了梯队式的教研团队，进行理论创新和实践探索，将红色文化资源与高校育人课程体系各要素紧密结合，创新教学理念，实施"三个转化"（红色文化资源—教学内容—实践考察—学生素养），最终构建了思政课程、课程思政和党团员培训教育"三位一体"的红色文化育人体系。经过实践探索，大学生思想道德、素质素养和学习能力都得到显著提升，形成了特色鲜明且可推广的红色文化育人课程体系，取得了较好的育人成效。

---

① 中共中央宣传部．习近平总书记系列重要讲话读本［M］．学习出版社，人民出版社，2014：100．

（二）载体平台

已建有 13 个校级教育教学实践基地，尤其是祥云红色传承基地（"二王"烈士故居）、周保中将军纪念馆、张伯简纪念馆、大理州博物馆、红军长征过大理纪念馆等基地已开展了卓有成效的工作，其中我校主持申报的祥云红色传承基地（"二王"烈士故居）获批为云南省第一批高校思想政治理论课实践示范基地，周保中将军纪念馆为全国爱国主义教育基地。以中国近现代史纲要教研部为主体，思政课与其他课程教研部协同，整合校内外研究骨干力量，探索凝练了马克思主义理论一级学科硕士点之下二级点"中国近现代史基本问题研究"的主攻研究方向"民族地区红色文化研究"。

（三）育人机制与重点工作的开展

学校从构建"三全育人"工作长效机制的高度，思考红色文化育人工程建设，为红色文化育人体系构建提供有力保障。经过近五年多的探索与实践，已从"课程—实践—科研—文化"四个维度形成较为完善的育人机制。

1. 课程育人教学体系的全方位构建与实践

大理大学以地方红色文化资源为依托，以传承红色基因、弘扬红色文化为抓手，巩固思政课程基础性地位，深入挖掘通识课程、专业课程及党团教育环节育人要素，形成各类各门课程同向同行、协同育人格局，构建了"三位一体"的育人课程育人体系，努力提升课程育人工程质量，夯实课堂教学在人才培养中的主渠道、主阵地作用。

马克思主义学院通过单门课程集体备课、思政课教学研讨等方式将科研提炼的红色文化资源与教学要求、内容相结合融入思政课四门主干课程，完成了进教材、进课堂、进头脑。

根据不同学科的性质特点，挖掘地方红色文化资源的价值内涵，将红色基因有机地融入通识选修课和部分社会科学类的专业课中。哲学社会科学类课程突出马克思主义中国化的最新理论成果教育，重视红色文化的传承，引导学生自觉弘扬和践行社会主义核心价值观，不断增强"四个自信"。尤其是我校的法学、思想政治教育、汉语言文学和管理类专业的课程设置中，开始探索充分利用滇西地区的红色资源来拓展教学案例，诸如艾思奇、张伯简的理论贡献、长征精神、滇西抗战的历史贡献和意义、滇缅公路的时代意义等。通识选修课开设专门课程，发挥红色文化传承教育在育人工作中的示范引领作用，有效实现红色基因在相关课程教学中的深度融入。

同时，学校在党校课程设置、党团活动和团学干部的青年马克思主义者培养工程的学员培训中，开设红色基因传承的专题讲座，并进行相应的社会实践调研。通过以上多种途径的探索，解决了红色文化资源转化为讲授聆听、解说观察、互动交流和活动体验等多形态课程问题，初步实现了红色文化育人的课程化。

2. 实践育人方式载体的创新性探索

学校特别开展了利用地方红色文化资源进行了长期深入的创新性探索，尤其是"学生骨干宣讲法"在大学生思政课实践教学中的运用。2016 年，我校马院教师申请的思政课教学方法改革项目择优推广计划项目——"学生骨干宣讲法"在高校思想政治理论课实践教学中的运用和推广中喜获立项，此项目为2016 年度教育部人文社会科学研究一般项目中的高校示范马克思主义学院和优秀教学科研团队建设项目，是高校思想政治理论课教学方法改革择优推广项目，全国共立了 20 项，说明我校思想政治理论课题实践教学探索的这一方法是有新意、有成效，也是有可推广性的。

3. 科研育人引领示范作用显著增强

我校制定颁布《大理大学思想政治理论课创新体系计划实施方案》，实施《大理大学思想政治理论课教学攻关行动计划》项目立项研究，专门设置了"地方民族特色大学生思想政治教育教学辅助资料编著"专项，第一批立项课题中包含有关地方红色文化资源的资料编著和通俗读本撰写两个项目，目前已编撰完成《大理地区大学生思想政治教育红色传承资料汇编》和《大理地区大学生思想政治教育红色资源通俗读本》。《红色资源融入高校思想政治理论课实效性提升研究》也立项为校级"课程建设类"教改项目，目前正在思想政治理论课的教育教学中有序推进。

学校引导相关学科教师开展红色文化研究，并用科研成果反哺教学。国家社科基金项目《云南白族地区红色文化资源的传承、利用与保护》、省社科规划普及项目《云南红色传承教育读本》、州级社科项目《大理州红色文化发展战略研究》和校级专项课题《大理市红色文化生态保护》等课题负责人和参与人均为思政课理论课专兼职教师。课题的部门研究环节依托相关专业学生和课程实践开展，成果则不同程度运用到思政课各门课程的教学中，为教学提供了强有力的学理支撑。

4. 文化育人特色鲜明

学校结合地域优势和办学实际，深度挖掘滇西地区红色资源的精神内涵和文化底蕴，与高校思想政治课、军事训练、学生工作、社会实践和网络教育等融会贯通，尤其是思政课和第二课堂的有机结合，优势互补，以红色文化育人推进"三全育人"，有效促进大学生思想政治素养、社会责任感、创新精神、实践能力等全面提升。诸如，2010 年以来，大理大学以大学生国防教育艺术团为依托，坚持开展爱国主义教育、国防教育、革命英雄主义以及社会主义核心价值观教育，立足"围绕学生、关照学生、服务学生"[1] 的要求，遵循"立德树人"的中心主线，追寻革命足迹，弘扬革命精神，传承红色文化，切实提升思想政治教育亲和力和针对性，铸造了别具一格的文化育人品牌。

二、案例特色

（一）品牌特色：构建"课堂—校园—社会"三位一体的育人体制机制，创建具有民族性和地域性的"云岭先驱精神育人品牌"。

（二）实践特色：以"学生骨干宣讲法"为主要形式，以"现场体验式教学"作为辅助，达到以文化人、以文育人、实践育人的价值目标。

（三）育人特色：着力于区域红色文化资源的生动化、规范化和生活化，有效提升了红色文化融入高校育人实践的可行性、科学性和实效性。

（四）成果特色：形成"六个一"的代表性成果，主要包括：编写了一本《大理地区大学生思想政治教育红色资源通俗读本》和一本《大理地区大学生思想政治教育红色传承资料汇编》；探索出了一个优秀实践教学案例"红色文化资源应用于高校思想政治理论课实践教学的新模式——现场教学法"，并获得教学反思征文比赛二等奖；获得了云南省高等教育教学成果二等奖"学生骨干宣讲

---

① 李浩泉主编. 以学生为主体的立德树人实践［M］. 北京：光明日报出版社，2018：153.

法——思想政治理论课实践教学改革创新";获得两项云南省高校思想政治工作优秀成果奖"高校红色文化育人的课程体系构建与实践——以大理大学为例"和"思想政治理论课教学方法改革:专题—研讨—实践"。

(五)创新特色:以红色文化育人工程为示范引领,打造滇西地区"三全育人共同体",形成可转化、可推广的一体化育人制度和模式。滇西地方红色文化资源体现着浓郁的民族性、思想性和文化性,并以其内涵丰富了高校文化育人实践的教育资源。通过组织大学生开展实践教育活动,引导大学生穿越历史时空,追寻革命先辈的足迹,领略革命精神的真谛,在情景化的现实体验和感悟中思想受到震撼,心灵得到洗礼,自觉树立坚定的价值观念、思想意识和精神意志。总体而言,该项目充分利用红色文化资源能够进一步突破学校教育的场域边界,延展高校文化育人空间,在二者的相互融合中提升滇西片区地方高校育人实效。

三、案例实践成效

大理大学坐落于滇西中心城市——大理,是省州共建的高等院校,是云南省非省会城市中最早开展本科教育并最早取得硕士学位和博士学位授予权的普通高等学校。学校秉承根植滇西的理念,充分依托滇西地区红色文化资源,不断创新和传承红色文化,弘扬了社会主义核心价值观,将红色文化与高校思想政治工作紧密结合,初步探索和构建了地方高校文化育人品牌,取得了较好的育人实效,推动了地方高等教育事业的发展。

(一)红色文化育人工作成效

1. 推动了滇西地区大学生对社会主义核心价值观的认同

大理大学充分挖掘滇西地区蕴含的红色文化资源,与祥云红色传承基地、周保中将军纪念馆、大理州博物馆等形成合作共建机制,定期组织学生前往基地进行实践学习。现场考察与教学体验,充分激发了学生的爱国主义情怀,有效促进了大学生对社会主义核心价值观的认同,既赢得了学生的一致好评,也极大增强了学生的学习热情。2017 年,大理大学被云南省高校工委命名为云南省社会主义核心价值观教育示范高校。

2. 活跃了地方高校的校园文化氛围，进一步推进了校园文化建设

大理大学秉承"博学达真、大德至理"的校训，坚持"根植滇西、致力应用、彰显特色、服务地方"的办学理念，其育人工作坚持以社会主义核心价值观为引领，在传承弘扬红色文化过程中，以"筑梦新时代，培育和践行社会主义核心价值观"为主线，积极开展形式多样、丰富多彩的校园文化活动，营造了轻松愉悦的校园文化氛围。同时，产生了较好的辐射效应，多类活动也协同滇西片区的其他高校共同举办。诸如，多次组织"青年马克思主义者培养工程"培训班学员参观各地红色传承基地，激发青年学生的爱国热情，弘扬艰苦奋斗的革命精神；在每年度的大学生暑期社会实践中，专门设立"红色筑梦之旅实践团"，前往弥渡县少年军校开展爱国主义教育活动，引导青年学生走进革命老区、贫困地区，接受思想洗礼、学习革命精神、传承红色基因，重温革命前辈伟大而艰辛的创业史，走好新时代青年的新长征路。2010年以来，以大学生国防教育艺术团为依托，坚持开展爱国主义教育、国防教育、革命英雄主义以及社会主义核心价值观教育，立足"围绕学生、关照学生、服务学生"的要求，遵循"立德树人"的中心主线，追寻革命足迹，弘扬革命精神，传承红色文化，切实提升思想政治教育亲和力和针对性，铸造了别具一格的文化育人品牌。此外，学校还聘请在大理居住的抗战老兵、黄埔学员何云同志担任我校校外政治辅导员，长期以来为大学生开展以"理想信念教育"为主题的党团课，深受广大学生好评，取得了较好的育人效果。

3. 培养高素质大学生，争做社会有用之才

依托红色文化，创新地方高校育人的模式，不仅促进了学生对知识的掌握、能力的提升和素质的协调发展，而且促进了学校人才培养质量的提高，极大提升了思想政治工作的实效性和针对性。大理大学在多年的时间中，积极引导青年学生笃实力行社会主义核心价值观，形成了课题教学、党团员教育、社会实践、新媒体运用、校园文化熏陶等全方位的育人体系，培养了一批信念坚定、品行高尚、爱家报国的楷模青年、有为青年。学校培养的近80%的毕业生扎根边疆民族地区基层工作，尤其是在医疗、教育行业，以奉献精神为区域经济社会发展作出了卓越的贡献。

（二）重难点问题解决情况

学校力争获得社会各方面的支持，积极筹措经费保障，在多年的实践中，攻坚克难，有力推动了育人工作的开展。一是积极拓展实践基地，与多处红色传承基地开展合作，实现红色文化育人的互利共赢；二是经费保障，学校专门设立思政工作的专项经费，在思想政治理论课建设专项经费中也划拨相当一部分用于红色传承基地的师生实践研修，同时对获得各级各类活动的优秀成果进行表彰奖励；三是学校党、团、工、学等部门形成协同联动机制，共同推进红色文化育人工作。

（三）家长、媒体、同行评价情况

该项工作实施以来，赢得多方的认可和支持。一是赢得学生家长的认可，在相关项目的问卷调查中，大部分学生家长积极认可该项工作，一致认为，学校让广大青年学生有多种机会感受革命先烈的事迹和精神，是对学生人生观、价值观和世界观塑造的有效途径，可以传承先烈艰苦奋斗、坚韧不拔的革命精神；二是媒介的赞同与肯定，尤其是新媒体对红色文化育人工作的宣传报道，与以往其他类别的工作而言，不仅宣传的力度较大，而且影响也较大，学校"青春理大"、祥云"红色传承""今日宾川"等微信公众号也时常报道该项工作的相关活动进展和成效；三是同行评价较高，具体而言，该项工作在全国性、全省性相关学术会议交流中，赢得同行专家学者的高度赞许，相关项目已获得省部级科研立项，目前正在课题研究实施过程中，其多项阶段成果已获得各级各类表彰奖励。

四、案例推广价值

（一）典型案例——红色文化应用于高校思政课现场教学模式的探索

近年来，大理大学马克思主义学院对利用地方红色资源进行思想政治理论课实践教学进行了积极探索，取得了诸多成绩，如教学效果得到肯定、现场教学不断延伸、经验交流受到好评等。随着高校思想政治理论课教学方法改革不断深入，其教学效果显著增强。在众多改革探索中，现场教学是当前较为活跃并广泛被推广运用的一种教学方式。思政课现场教学的过程是以教师和学生的互动交流为特色的，教师在教学中起到主导与引领的作用，学生也在实地体验过程中获取相关知识，教学方式更加灵活且教学效果更加高效。

红色文化资源作为中国共产党领导中国人民在长期的革命斗争和建设实践中形成的历史积淀，蕴含着十分丰富而深刻的思想内涵。充分认识和挖掘红色文化资源的传承基因和教育价值，努力推进红色资源在高校思想政治理论课实践教学中的应用，对于提高思想政治理论课教学的吸引力、感染力和学生的获得感有着十分积极的作用和意义。近五年来，大理大学充分发挥、利用滇西地区丰厚的红色文化资源优势，将思政课实践教学课堂搬到红色文化资源现场，以"学生骨干宣讲法"的推广为契机，形成了独具特色的思政课实践教学新模式，有效增强了思政课的针对性、实效性和对学生的感染力、吸引力、亲和力及获得感。

（二）育人模式、方法载体与育人经验

1. 育人模式与理念

实践教学是高校思想政治理论课教学增强针对性和实效性的一种重要方式和环节。实践教学的目的在于帮助学生完成从书本到现实、从理论到实践的跨越，增添书本中难以体现出来的感染力和冲击力，是其魅力所在。《中国近现代史纲要》课程实践教学创新性地探索出了"现场教学+学生骨干宣讲"的新模式，就是要引导学生通过对形象生动的历史素材的感知，形成思想上的震动和心灵上的共鸣，从而激发学生振兴中华的历史使命感和责任感。红色资源能够使我们跨越时空界限，深刻感悟历史的发展进程。每一处革命遗址、革命文物及其承载着的革命精神，都以无可辩驳的事实昭示着中国人民英勇奋斗的光辉历史，都是最真实的、最有说服力的教育素材。利用红色文化资源开展《中国近现代史纲要》现场教学，让学生在耳闻目睹中受到感染，在亲身经历中得到熏陶，在深刻的思想内涵和信服的事实面前去感知和体验，不但能够调动学生学习的主动性、自觉性，而且能够增强教育教学的吸引力、说服力，切实提高教学实效性和学生的获得感。

2. 方法载体

创新高校思政课实践教学的模式和路径，红色传承教育是最直观、最富成效的载体和手段。同时，作为积累知识、传承文明、传播文化的红色文化资源，是最有活力、最现实的载体，是承载正确历史观、民族观、国家观、文化观的主阵地。近五年来，大理大学马克思主义学院中国近现代史纲要教研室以王复生、王德三烈士故居、全国优秀村官普发兴先进事迹陈列室、将军第、边纵八支队遗址等红色文化资源为依托，通过教学科研方面的多重举措，积极做大做好红色文化这篇大文章，积极探索高校思政课教育教学的改革并取得了诸多成效。

以"学生骨干宣讲法"为主要形式的思政课现场教学模式，是大理大学中国近现代史纲要教研室为提高实践教学实效性，提高实践教学覆盖面通过不断实践而探索出的一种新的实践教学方法。目前已经取得教育部择优推广资助项目、大理大学教育教学成果二等奖、高校思想政治工作成果奖等优秀成果。其主要做法是在教师讲解、学生感知的基础上选拔培养对某个知识点领悟力较好的优秀学生到相应实践教学点，例如王德三、王复生烈士故居、周保中将军纪念馆、张伯简纪念馆、施滉故居等红色传承教育基地进行参观考察后形成自我感悟并写出宣讲报告后在全体学生中进行宣讲以感染其他学生，使绝大多数同学得到教育。

通过现场教学活动的开展，不仅深化了同学们对《纲要》课程相关理论知识的理解，而且增强了同学们的爱国心和责任感，增进了同学们对"四个选择"的理解，大大增强了课程教学效果和学生的获得感，有效推进了大学生对党史国史的深度理解和认识。

3. 育人实效与经验

整合和利用大理地方红色传承资源，以培养"骨干学生宣讲员"为切入点，创建固定的实践现场教学链条，精心策划和设计教学，做活"一线三点"，设计"六个一"，突出现场性，指导学生认识中国人民在历史发展进程中怎样选择马克思主义、选择中国共产党、选择社会主义道路、选择改革开放，在党史和国情教育中牢记使命，学习革命先烈的优秀品质，树立坚定的理想，打下烙印、触动灵魂、感动一阵子、管用一辈子。通过"学生自我教育"，不仅在教学理念、思路、手段、组织管理等方面进行探索和创新，而且具有组织起来简便、可操作性强、教学效果好等优点，同时从教学方法论的角度，对实践教学的这种方式、方法改革创新进行了教育教学理论上的概括和总结，形成教学模式的新探索。

应该说，运用红色文化资源来开展高校思想政治理论课的现场教学，既可以引导学生通过对形象生动的历史素材的感知，使其客观辩证地认识国情、认识社会，树立正确的政治方向和人生观、价值观，增强社会责任感和历史使命感。又可以引导学生学以致用，缩短"知""行"之间的距离，以提高思想政治理论课的教学效果。

（三）育人特征与推广价值

1. 典型特征

红色文化资源不仅是促进精神文明建设的利器，同时也为高校思政课教学提供了最合适的实践基地。红色文化资源承载着中国共产党的历史，彰显着革命前辈的崇高精神，是进行思想政治教育的一种隐性教育资源。将课堂搬到红色文化所在地，既可以让大学生切身体会到革命先烈所生存的恶劣环境，感受到革命精神，又能使其理解选择中国共产党、选择社会主义道路的原因所在，还能够从思想道德层面对大学生进行洗礼，从而使其形成正确的世界观、人生观和价值观。

2. 推广价值

经过近五年的探索，具有可推广性。不仅将以学生骨干宣讲法为主导路径的现场教学模式有效的融入我校的《中国近现代史纲要》课的实践教学并普遍实施，而且在其他思想政治理论课程中广泛推广。如：《毛泽东思想和中国特色社会主义理论体系概论》课、《马克思主义基本原理》课、《思想道德修养与法律基础（法治）》课等。同时，也在学校每年度开展的大学生暑期"三下乡"社会实践活动中加以推广运用，对大学生认知和体验社会提供了一种切实可行的范例。当前，还贯穿于对习近平新时代中国特色社会主义思想和党的十九大精神的学习和实践中，切实做到新时代党的路线、方针和政策入脑入心。通过现场教学这样的有效形式，推进中国共产党的创新理论内化于心、外化于行。

第二节　边陲地带的红色基因：大理地区
红色文化传承发展的新路径

　　党的十九大报告指出，文化自信是一个国家、一个民族发展中更基本、更深沉、更持久的力量。必须坚持马克思主义，牢固树立共产主义远大理想和中国特色社会主义共同理想，培育和践行社会主义核心价值观，不断增强意识形态领域主导权和话语权，推动中华优秀传统文化创造性转化、创新性发展，继承革命文化，发展社会主义先进文化，不忘本来、吸收外来、面向未来，更好构筑中国精神、中国价值、中国力量，为人民提供精神指引。红色文化是大理地区较有优势的特色文化资源，在增强文化自信、传承红色基因的背景下，深入挖掘大理地区红色资源、红色传统的时代价值，开辟红色文化发展的特色之路，具有重要意义和价值。本文立足于大理地区丰富的红色文化资源，在明晰大理地区红色文化发展现状的基础上，寻求发展的新策略与新路径，从多个维度着手，推进大理地区红色文化实现全方位、多层次的传承和发展。

一、大理地区红色文化遗存现状

　　长期的革命斗争在大理地区至今留下了党史遗址 195 个，抗战遗址 38 个。新中国成立以来，尤其是近年来，在各级党史部门积极、主动地发起呼吁、联系、筹划下，陆续保护和修复使用了一批重要革命遗址，并作为文保单位保存下来，开辟为爱国主义教育基地供人参观，以及与附近的绿色、人文景观连接起来，开辟红色旅游线。

　　目前，全州已经修复并布展的周保中故居、王复生 王德三故居、尹宜公故居、剑川景风公园革命烈士纪念碑、红二军团祥云城钟鼓楼战斗遗址、红二、六军团南薰桥战斗遗址、中国人民解放军第十四军暨滇桂黔纵队第七支队烈士纪念碑、中国工农红军长征过鹤庆纪念碑公园等30余处。由民间集资修复"剑川人民自卫团整编扩军遗址"已完工，并新建了"剑川县西湖人民革命纪念碑"。同时，与中共滇西工委旧址一样，王孝达故居、祥云县米甸镇红军烈士墓等在筹建之中。在修复并布展的基础上，还加强相关开发工作，让这些重要革命旧址、纪念设施，在党史教育和红色旅游等方面发挥作用，让红色历史"动"了起来。

王复生 王德三故居、周保中故居是大理州重要的红色文化遗产，近几年来，大理州对其进行全面修缮和布展，将原来老式的展陈内容改用高清晰度的照片写真，使故居功能设置更加齐全，整体布局更加完整、合理；配备专职管理勤务人员，使故居的管理更加规范，宣传、教育讲解工作和接待服务工作更加周到。经过全面修缮和布展后，来周保中故居、王复生 王德三故居参观学习的人络绎不绝。仅在党员"两学一做"活动和建党九十五周年纪念活动中，周保中故居、王复生 王德三故居登记在册的参观人数就达十多万人次。

同时，剑川景风公园革命烈士纪念碑，红二军团祥云城钟鼓楼战斗遗址、红二、六军团南薰桥战斗遗址，中国人民解放军第十四军暨滇桂黔纵队第七支队烈士纪念碑，中国工农红军长征过鹤庆纪念碑公园，宾川县烈士陵园、尹宜公故居，二战中印缅战区交通史纪念馆等纪念设施28处，经过整修，也都成了"香饽饽"，参观学习者不断增加。据不完全统计，近年来，这些革命旧址、纪念设施已经接待了数十万群众参观学习和瞻仰。

2011年，大理州科学制定了革命遗址保护开发建设规划，建立了革命遗址政府专项保护制度，并每年安排100万元资金用于革命遗址的保护和开发工作，有效整合党史、宣传、文物管理、民政、城建、旅游等各部门的管理职能，采取政府财政投入、企业单位和个人捐助等各种方式多方筹集资金，对革命遗址（旧址）进行修复、修建，使全州革命遗址保护利用工作有大的起色。对一时难以修复的132个遗址年内设立醒目标志碑。进一步做好规划、开发、推介和服务，努力打造精品，发挥好红色旅游的社会效益和经济效益。把革命遗址遗迹保护开发作为发展红色旅游、建设文化强州、促进革命老区经济社会发展、改善人民群众生产生活的富民工程。

二、大理地区红色文化传承发展的"标兵"和"样板"：祥云"红色传承"基地

祥云"红色传承"现场教学基地是由省委组织部、省委党校统一命名的四个云南省干部教育培训现场教学基地之一，教学基地于 2012 年正式挂牌，主要由王德三、王复生烈士故居和普发兴先进事迹陈列室两个教学点构成。

祥云"红色传承"现场教学基地被命名为省、州、县党员干部党性教育基地及祥云县党员干部勤廉教育基地，建成以来，共接待了来自县内外的党员干部近 20 万人，成为广大党员干部接受勤廉教育、加强党性锻炼的重要场所，广大群众培养廉洁意识、弘扬清风正气的重要阵地。

（一）充分利用红色文化资源加强党员干部党性党风党纪教育

祥云县历史悠久，文化灿烂，人杰地灵，拥有丰富的红色资源，既是革命先驱王复生、王德三、王孝达三英烈的故乡，又是红军万里长征经过和战斗过的地方、中国人民解放军滇桂黔边区纵队第八支队的诞生地、指挥中心和重要作战区，新时期又涌现出了"全国优秀村官"普发兴这样享誉全省全国的先进典型，红色文化的遗址和景区景点星罗棋布。近年来，祥云县依托县内丰富厚重的红色文化资源，把红色文化作为各级党政机关进行党性党风党纪教育的重要途径，收到较好的效果。

发展红色旅游，打造党性党风党纪教育阵地。投资 1193 万元，改造祥云"红色传承"教学基地。对烈士故居进行修缮，新建红色传承教育馆，改造普发兴先进事迹陈列室，同时，对王德三、王复生烈士故居所在地的环境进行绿化、美化和亮化并绘制以"红色文化"为主题的墙体彩绘。依托云南驿独特的历史文化资源，在云南驿维修改造了马帮文化博物馆和二战中印缅交通史纪念馆。修建边纵八支队纪念碑暨李鉴洲普兆三陵墓，新建中国人民解放军滇桂黔边纵队第八支队和祥云人民武装斗争事迹纪念馆。修缮王孝达烈士故居、红二军团指挥部等革命遗址。形成王复生、王德三烈士故居、全国优秀村官普发兴先进事迹陈列室、将军第、边纵八支队遗址等红色文化景点，通过发展红色旅游做大做好红色文化这篇大文章，为党员干部打造了全方位的党性党风党纪教育阵地。

铸造红色经典，唱响党性党风党纪教育主旋律。通过电影《村官普发兴》的拍摄放映，使普发兴廉洁奉公、勤俭节约的精神深入人心。拍摄制作了《火炬不熄》《全国优秀村官普发兴》等多部教学宣传片，全方位再现了王德三、王复生烈士和普发兴同志的奋斗历程和感人事迹，让观看的党员群众身临其境地感知、感受红色精神。先后编印《祥云三英烈》《红军长征过祥云》《革命先驱赵适然》《滇西游击队之鹰》《风雨征程录》《彩云飞扬》《红色记忆》等书籍，创办《红色祥云》《传承》期刊，编辑出版《革命老区——祥云》画册，从不同角度展示祥云的革命历史和革命先辈精神风采。通过铸造红色"人物"、红色"经典"，展现了红色文化的无穷魅力，引领了党性党风党纪教育的主旋律。

培育红色情结，搭建党性党风党纪教育平台。举办以反映王复生、王德三烈士的生平事迹、成长经历、历史功绩和崇高精神为主题的"王复生、王德三烈士故居和红色传承教育馆楹联"征集活动。每年七一建党节组织"红色祥云"文艺演出。各机关企事业单位积极组织开展重走红军长征路活动。每年清明节组织群众、学生到烈士陵园缅怀，向革命烈士敬献花圈、行鞠躬礼，瞻仰革命烈士纪念碑，深切缅怀革命先烈们的丰功伟绩，表达对革命先烈的诚挚敬意和深深怀念。通过组织丰富多样的活动，使革命先烈坚守信念、无私奉献、廉洁自律的精神深入人心，搭建了党性党风党纪教育的良好平台。传承红色精神，强化党性党风党纪教育效果。充分依靠各级党组织以及纪委、宣传、组织、党校、党史、老促会等单位及部门，在"传"和"承"上做文章，持之以恒、毫不动摇地强化党性党风党纪教育。

党的群众路线教育实践活动使课堂教学更生动。第二批党的群众路线教育实践活动开展以来，祥云县充分运用"红色传承"教学基地红色文化资源，注重将历史的学习与现实的实践相结合，在红色文化的学习过程中深化对党的群众路线的教育和体验。据统计，活动开展以来，大理州共有190个单位，4980名党员干部到"红色传承"教学基地开展了党性教育活动。活动中，各级党员领导干部紧紧围绕群众路线教育实践活动三个环节，本着就近方便、节俭有效的原则，带头到"红色传承"现场教学基地参观学习，通过看图片、实物、宣传片及听讲解，追忆王德三、王复生烈士投身革命的光辉岁月和坚定忠诚的革命先驱形象，以及中国优秀村官、全国劳动模范普发兴可歌可泣的感人事迹；

感受"信念坚定、对党忠诚，牢记宗旨、一心为民，胸怀大局、恪尽职守，严于律己、大公无私"的红色精神；感知党在革命、建设过程中与人民群众的鱼水深情，领会群众路线在党的建设发展中的重要作用，从根本上提高思想认识，强化群众观点。

"红色传承"现场教学基地让广大党员干部在丰富生动的实践体验中感受"红色"精神，深刻领会党的群众路线教育实践活动现实意义，并将其内化为自我需要和自觉行动，进一步激发干事创业的热情和艰苦奋斗的精神；以革命英烈和先进模范为标杆，查找自身不足，剖析问题根源，进一步激发党员领导干部核心意识、政治意识、大局意识和看齐意识，坚决遏制"四风"的滋生蔓延。

（二）弘扬红色文化，培育社会主义核心价值观

红色文化作为社会主义先进文化的重要组成部分，是培育社会主义核心价值观的根脉源泉和精神基因。云南省祥云县历史悠久，文化灿烂，人杰地灵，拥有丰富的红色旅游资源，既是云南革命先驱王复生、王德三、王孝达三英烈的故乡，又是红军万里长征经过和战斗过的地方，还是滇桂黔边纵队第八支队的诞生地、指挥中心和重要作战区域。在新的历史时期，祥云县涌现出了"全国优秀村官"普发兴。近年来，祥云县依托县内丰富厚重的红色文化资源，把红色文化融入社会主义核心价值观培育过程中，探索一条行之有效的社会主义核心价值观培育实践路径。

第一，发挥红色文化现场教学基地的功能。

社会主义核心价值观与红色文化一脉相承。红色文化具有最广泛、最基本、最具活力的群众认同基础，是最生动、最鲜活、最有说服力的革命传统教材。因此，在培育和践行社会主义核心价值观的实践中，必须深刻把握红色文化的时代特征，深刻理解红色文化的核心和灵魂，使红色文化成为时代主流。王德三、王复生烈士故居和普发兴先进事迹陈列室，被命名为云南省、大理白族自治州、祥云县党员干部党性教育基地及祥云县党员干部勤廉教育基地，成为广大党员干部接受勤廉教育、加强党性锻炼的重要场所，广大群众培养廉洁意识、弘扬清风正气的重要阵地。

祥云县依靠各级党组织强化和坚持传承红色文化。一是将王德三、王复生烈士故居和普发兴先进事迹陈列室合并为祥云县红色传承现场教学基地。组建

祥云县红色传承现场教学基地管理中心，聘请专职讲解员，编写能充分体现祥云县红色文化的解说词，并在后续的教学实践中不断加以提炼、修改和完善。优化教学方法，规范教学行为，采取集中授课、现场演练、参观学习、交流讨论等形式，将文字、图片、实物的陈列和讲解员的现场讲解以及声、光、电的相互搭配融为一体，形成多方位相互配合，增强红色文化现场教学的体验性和感染力。祥云县红色传承现场教学基地建成以来，接待了来自县内外的参观学习团队2793场、65087人。二是成立了以"传播马列主义、唱响中国特色、弘扬革命传统、践行祥云精神"为主旨的"播火先锋宣讲团"，不断增强宣讲活动的针对性和实效性。采用群众喜闻乐见、易于接受的方式方法，及时深入广泛地将祥云革命历史和红色文化向广大群众进行宣传，用群众语言讲群众身边事例，让群众通过直观的感受，更加深刻地理解祥云县的红色精神。

第二，加大对红色文化旅游景点建设的投入。

发展红色旅游是培育和践行社会主义核心价值观最直观、最有效的载体和手段。祥云县是中共大理州委、州政府列为革命老区开发建设的试点县。近年来，祥云县抓住机遇，加大资金投入力度，不断加快革命老区开发步伐，形成王复生、王德三烈士故居和全国优秀村官普发兴先进事迹陈列室、中国工农红军二军团过祥云指挥部旧址将军第、边纵第八支队遗址等红色文化景点。通过发展红色旅游做大做好红色文化旅游这篇大文章，推动红色文化价值从文化系统"内循环"扩大到市场的"大循环"之中。一是完成革命老区白墙工程和以红色文化为主题的墙体文化展示，加大环境整治力度，对环境进行绿化、美化和亮化，做好红色旅游的宣传标语、标牌、宣传栏宣传内容的布展工作。二是投资1193万元，改造祥云县红色传承现场教学基地。对王复生、王德三烈士故居进行修缮，新建红色传承教育馆，改造普发兴先进事迹陈列室，同时，对烈士故居所在地的环境进行绿化、美化和亮化。三是依托云南驿独特的历史文化资源，在云南驿维修改造了马帮文化博物馆和二战中印缅交通史纪念馆。四是修建边纵第八支队纪念碑暨李鉴洲普兆三陵墓，新建边纵队第八支队和祥云人民武装斗争事迹纪念馆。五是修缮王孝达烈士故居、红二军团指挥部等革命遗址。通过加大对红色旅游景点的投入，使红色旅游成为培育和践行社会主义核心价值观的有效方式，使干部群众自觉将社会主义核心价值观内化于心，外化于行。

第三，拓展红色文化传播的渠道和空间。

作为积累知识、传承文明、传播文化的红色经典，是最有活力、最现实的载体，是传承正确历史观、民族观、国家观、文化观的主阵地。祥云县在培育和践行社会主义核心价值观的实践中，唱响主旋律，提振精气神，充分发挥红色经典引领时代风气的作用。一是拍摄典型电影。通过电影《村官普发兴》的拍摄放映，使好村官普发兴成了全国家喻户晓的新时代先进典型，提升了祥云县红色文化的影响力。二是制作电教片。以祥云县红色文化为背景，拍摄制作了《火炬不熄》《全国优秀村官普发兴》等多部教学宣传片，全方位再现了王德三、王复生烈士和普发兴同志的奋斗历程和感人事迹，让观看的干部群众身临其境地感知、感受红色文化。三是编印出版红色题材书籍。先后编印《祥云三英烈》《红军长征过祥云》《革命先驱赵适然》《滇西游击队之鹰》《风雨征程录》《彩云飞扬》《红色记忆》等书籍，创办《红色祥云》《传承》期刊，编辑出版《革命老区——祥云》画册，在《祥云文化》《祥云时讯》和祥云社科等报刊媒体推出传承红色文化、践行社会主义核心价值观的相关稿件，从不同角度展示祥云县的革命历史和革命先辈精神风采。四是编印宣传画册。针对王德三、王复生烈士和普发兴同志所处的不同时代背景，他们的先进事迹相互有别的实际，将他们奉献革命、奉献社会的感人事迹和所表现的红色精神进行整理提炼融合，并配图装帧成图文并茂的宣传画册提供给前来学习的党员和群众，通过铸造红色经典，展现了红色文化的无穷魅力。

第四，开展丰富多彩的红色文化实践活动。

红色文化的产生、发展和传承，寻根溯源，就在红色情结。红色情结是培育和践行社会主义核心价值观的民族因子。祥云县通过开展形式多样、内容鲜活、载体丰富的红色文化进乡村、进社区、进企业、进校园等活动，促进干部群众培育红色情结。一是由中共祥云县委、大理州文联联合举办以反映王复生、王德三烈士的生平事迹、成长经历、历史功绩和崇高精神，开展"王复生、王德三烈士故居和红色传承教育馆楹联"征集的活动，为故居红色旅游区增添了一道亮丽的风景。二是每年"七一"建党节组织"红色祥云"文艺演出。三是各机关企事业单位积极组织重走红军长征路活动。四是每年清明节组织各族群众、学生到烈士陵园通过敬献花圈、行鞠躬礼、瞻仰革命烈士纪念碑等活动，深切缅怀革命先烈的丰功伟绩，表达对革命先烈的诚挚敬意和深深怀念。通过组织贴近实际、贴近生活、贴近群众的丰富多样的活动，搭建了培育和践行社会主义核心价值观的红色平台。

结语

红色文化担负着弘扬民族精神和时代精神的重任。如今正值红色文化的学习、宣传与研究的浪潮时期，这种正能量正是现在大理地区在塑造区域形象时所缺少的内涵侧面，根据时代发展要求着眼于调查大理地区红色文化的记忆与传承，记录并开发这些珍贵的史实资料。这对于红色文化的重视与一抹红色的注入，能使大理的区域历史形象更为完整，不再停留于简单的"历史文化名城""魅力旅游城市"等固有名号，而是更贴近如今人们的生活，从而用以牢记历史，珍爱和平，更能使红色文化的价值内涵在地区内得到全方位的开发。

区域红色文化是一种独特的综合性资源，它具有独特性、多样性、稀缺性和文化性等多种特性，而在这样的特性下，红色文化又分为物质性红色文化遗产和非物质红色文化遗产。因此对于大理而言，如何将大理地区丰富的红色文化遗产资源贴上独特的"大理标签"，然后把这些红色文化的资源有效地利用和开发起来就成了一个重要课题。这并不是说简单地建立了几个爱国主义基地，保存了几个物质型红色文化遗产或者读几本红军时期书籍就能简单完成的。要将红色文化切实地糅合进大理地区试图塑造的独特的区域形象中，就不能单一地只搞好表面的工作，它需要的是在确实理解红色文化内涵后的多管齐下的全面开发。

综上所述，如今大理地区区域形象正面临一次大的改革，在这个区域形象塑造的关键时期，切合时代发展注入一抹红色文化，正当时。宝贵丰富的红色文化资源可以使大理地区的区域形象更加丰满，也能提升大理地区的政治、经济以及文化软实力。但这不是简单的凭借几个口号就能完成的，它需要全面的、更进一步的开发和探索，要将红色文化融入大理地区的特性中去，定位出大理地区独特的红色文化区域形象，展现大理地区独特的区域性格，力求构建一个新时代大理文化新形象。

第三节 红色文化融入新时代高校思政工作的意义与路径探索

党的十八大以来，红色文化传承教育和高校思想政治工作开辟了新的路径，取得了诸多实效。学界对红色文化的研究取得了丰硕的研究成果，但大多集中在红色文化的内涵、学科建设、功能价值等方面，而红色文化融入高校思政工作方面的现实关注度还较弱。因此，从高校思政工作的实践探索来研究红色文化传承，深入挖掘红色文化的现实价值与教育价值，有利于提升新时代高校思政工作的实效性，有利于用红色文化传承引导大学生以德为学、以德修身、以德为人，从而实现高校立德树人和文化自信的有机统一。

一、红色文化融入高校思想政治工作的重要意义

红色文化具有政治性与价值性统一的功能，是在国家危难之际，民族觉醒之时，中国共产党带领人民群众在中华民族伟大复兴征程中创造的灿烂诗篇。习近平总书记指出："思想政治工作从根本上说是做人的工作，必须围绕学生、关照学生，服务学生……让学生成为德才兼备、全面发展的人才。"① 将红色文化运用于开展高校思想政治工作，能较好地解决高校要培养什么样的人这一核心问题，将有利于大学生形成正确的价值取向。

（一）有利于增强高校思想政治工作的针对性与实效性

高校思想政治工作是立德树人的工作，是运用理论教育与实践价值引领相

---

① 习近平. 习近平在全国高校思想政治工作会议上的讲话［N］. 人民日报，2016-12-09（01）.

结合，对人们施加有目的的教育工作，是提高青少年的人生观和道德观，改善人们政治观点与认识世界的重要途径。有效的思想政治工作直接影响青少年价值观的形成，当代大学生文明开放、思想活跃、积极上进，同时，他们又缺乏构成完整知识体系的方法，缺乏塑造成形的价值观的方式，还需要对他们进行价值上的引领与思想上的熏陶。红色文化是政治性与教育性的高度凝结，能为思想政治工作提供正确的价值导向，实现思想政治工作的可行性和实施效果的目的性。例如小萝卜头、夏明翰等为中国革命献身的感人题材，狼牙山五壮士与强渡大渡河等红色故事，记载了党和人民不畏生死、艰辛奋斗的历史过程，将这些引人入胜的红色题材融入高校思想政治工作，可以有效指导大学生价值形成和行为规范，同时有利于增强思想政治工作的针对性与实效性。

（二）有利于高校社会主义核心价值观的涵育

社会主义核心价值观是新时代青少年必须接受的价值认可，其丰富的内涵承载着时代价值与民族精神。红色文化蕴含中国人民为国家独立而奋斗的牺牲精神，以及为改革创新而努力的进取精神，能有效推进高校社会主义核心价值观的发展。例如，红色文化中长征精神、抗日战争精神等，为社会主义核心价值观爱国思想提供了具体的价值导向。而雷锋、焦裕禄等人的感人事迹，不仅是社会主义核心价值观爱国思想的典范，还为敬业思想提供了参考的原型。再如，解放战争时期"用小推车推出来的胜利"——淮海战役、四川大凉山"彝海结盟"等，都蕴含着社会主义核心价值观，它反映了党的群众路线以及"友善"思想。因此，红色文化对丰富高校社会主义核心价值观的内涵有重要的引领作用。

习近平强调："要坚持不懈培育和弘扬社会主义核心价值观，引导广大师生做社会主义核心价值观的坚定信仰者、积极传播者、模范践行者。"① 高校社会主义核心价值观的培育，可充分运用地方红色文化资源，挖掘红色元素，利用红色文化推进，只有这样才能真正地做到用文化育人、用精神感人。有效的高校思想政治工作如同一幅成功的画，而红色文化则是画龙点睛之笔，因此，红

---

① 习近平. 习近平在全国高校思想政治工作会议上的讲话［N］. 人民日报，2016-12-09
（01）.

色文化对丰富高校社会主义核心价值观的内涵与培育至关重要，不容忽视红色文化育人的重要价值。

（三）有利于培养大学生艰苦朴素与吃苦耐劳的品质

红色文化的血液流淌着革命烈士们的艰苦奋斗精神，深刻体现出艰苦朴素与吃苦耐劳的品质，与今天的价值教育呈现出高度的契合。因此，时代虽然在变，物质生活虽然在提高，但红色文化永不过时。今天大学生生活在物质文化极大发展的新时代，很难体会到革命前辈们为中国革命而献身的艰苦生活，部分大学生无法想象红军过雪山、草地时是怎样的坚韧不屈，也不可能体会长征时期毛泽东、朱德、周恩来等党的领导人与普通红军吃穿一致的朴素无华。今天还会特意到雪山旅游的大学生们，他们不可能感同身受红军过夹金山时，面临前有高山后有追兵，上空还有飞机的轰炸，在随时会把自己吞噬的雪山中前进时的艰难险阻，甚至还有人认为长征是一场长途旅行。所以，在物质与精神发展不太平衡的社会，向大学生传递红色文化蕴含的艰苦奋斗精神是时代之必须。如今的中国还处于社会主义初级阶段，不平衡不充分的发展与人民日益增长的美好生活需求还存在一定的差距，吃苦耐劳精神还是这个时代必需的品质。因此，在思想政治工作中融入红色文化所蕴含的艰苦朴素精神，是培养大学生吃苦耐劳精神的有效途径。

二、红色文化融入高校思政课教育教学

思想政治理论课是高校思想政治工作的主渠道，习近平总书记强调："思想政治理论课是落实立德树人根本任务的关键课程。"① 新时代思政课教育教学难免存在教师思维固定、学校领导不重视、教学方法不新颖，理论知识与实践相脱离等现象，如何推动高校思政课教育教学改革创新，是增强思政课知识性与价值性相统一需要解决的主要问题之一。红色文化具有一定的育人性、文化性和政治性，是中华民族的先进文化，将其融入高校思政课教育教学，可以提高思政课立德树人的实效性。

---

① 习近平. 在学校思想政治理论课教师座谈会上的讲话［N］. 人民日报，2019-03-19（1）.

　　《马克思主义基本原理概论》主要阐述了马克思主义科学思想的本质特征和物质世界的本质规律，是思政课教育教学中较抽象的课程，学生难于理解与提不起兴趣是课程亟待解决的问题之一，因此采用灵活的教学方法与充满感染力的教学方式来增加课程的感染力势在必行。红色文化通俗易懂，具有鲜明的价值感染力。在《马克思主义基本原理概论》教学当中，思政课教师可以运用淮海战役解释群众路线这一抽象概念、还可以运用黄继光等红色人物的事迹感动学生，从而引发学生思考。还比如，在讲解实践是检验真理的唯一标准时，可引入秋收起义失败的原因，从而解释农村包围城市，武装夺取政权这一真理。讲解人民群众在历史发展中的作用时，可以结合刘伯承与小叶丹歃血为盟的故事作为教学案例，从而增强思政课教育教学的丰富度与灵活度。

　　《思想道德修养与法律基础》是培养大学生情感态度价值观最直接的教材，对于提升大学生思想道德素质与法制素养具有重要意义，将红色文化融入其中可以弘扬中国精神与树立中国风范。比如，创造有意义的人生，这一内容可融入为国捐躯的杨靖宇、方志敏等人物，用这些人物敢于牺牲的精神感染学生，从而使学生明白当代青少年应该成就重于泰山的出彩人生。讲解崇高的理想信念这一内容时，有条件的高校可以带领学生参观一大旧址，感悟嘉兴南湖红船精神，通过学习党的历史，培养大学生熟历史、明真理的意识自觉，最终为实现中华民族伟大复兴注入青春能量。弘扬中国精神的讲解，可融入井冈山精神和延安精神等，通过组织观看《建党伟业》《开国大典》等影片，为课本内容提供生动的声像素材，传播革命精神使学生注重精神品质的培养，促使他们形成爱国的观念，最终把他们培养为新时代的爱国主义先锋。

　　《中国近现代史纲要》的教学实践，可从鸦片战争到十九大这条历史的时间线上挖掘出课程内涵的红色文化，例如在开天辟地的大事变中穿插一大召开的实际日期与两个地点，从而引入扣人心弦的红船故事，使学生在不知不觉中了解党、接受党、爱护党。中国革命的新道路，可引入中外闻名的军事奇迹——长征，凸显遵义会议精神，利用红军翻雪山过草地的革命信念潜移默化地培养学生理论自信、制度自信、道路自信，从而自觉养成文化自信。

　　习近平强调："推动思想政治理论课改革创新，要不断增强思政课的思想性、理论性和亲和力、针对性。"① 红色文化是高校立德树人必不可缺的良好题材，它蕴含透彻的学理分析，具备丰富的情感价值，并能用真理的巨大力量引导学生、说服学生，因此将其融入高校思政课教育教学，将有利于增强思想政治工作的亲和力、针对性。

三、红色文化融入高校思想政治工作课外实践

红色文化融入高校思想政治工作课外实践，可以协同运用四条路径。融入高校党团实践活动、融入大学生第二课堂、融入高校校园文化建设以及融入大学生社会实践。

首先，红色文化融入高校党团实践活动，有利于拓宽教育实践活动的载体和方法。高校党团实践活动是当代高校提高大学生思想素质必不可少的途径，对高校育人工作有重要作用。党组织与共青团组织带领学生参与实践活动进行价值育人，是高校思想政治工作的重要育人途径，也是培养大学生价值取向的重要环节。因此，应该将党团工作的育人价值提升到立德树人的重要高度。红色文化是党性教育与价值教育高度统一的先进文化，饱含革命先烈崇高的理想信念，并具有能兼并其他文化难得的感染性。因此，以红色资源为纽带，融入大学生喜闻乐见的红色故事来进行党团实践活动，可以增加活动的感染力。首先，活动的开展可以组织红色文化知识竞赛抢答题、举办红色文化辩论赛。其次，在党性教育理论培训之余，还可以引入红色电影如《开国大典》《建军大业》等进行情感的熏陶。最后，推荐红色文化书籍，组织学生开展读书小组，阅读《中国共产党的九十年》《长征回忆录》等。利用红色文化党性教育与价值教育高度统一的特点，在培养学生党性觉悟的同时，还能以打动人心的方式起到育人作用，灌输正确的价值观。因此，红色文化的融入是党团实践活动育人的有效途径。

其次，红色文化融入大学生第二课堂，可有效提升学生的综合素养。第二课堂是学生利用第一课堂之外的零散时间来提高自身思想素质的教学活动，是

---

① 习近平. 在学校思想政治理论课教师座谈会上的讲话［N］. 人民日报，2019-03-19
(1).

思想政治教育工作实施与开展的辅助平台，注入具备精神引领、价值引领和思维引领等功能的红色元素，将促进第二课堂模式转变与开拓创新。首先，可将"纪念五四运动 100 周年知识竞赛""中国共产党党史知识竞赛"等融入第二课堂活动。其次，宿舍文化是第二课堂的重要组成部分，宿舍文化展示区可以引进红色经典故事、红色文化宣传等。最后，邀请专家学者举办红色文化专题讲座是第二课堂的重要形式，能使第二课堂成为第一课堂的有力补充，激发思想政治工作的内生动力，形成较强的推广价值。

再次，红色文化融入校园文化建设。习近平在全国高校思想政治工作会议上强调："要更加注重以文化人、以文育人，广泛开展文明校园创建，开展形式多样、健康向上、格调高雅的校园文化活动，广泛开展各类社会实践。"① 文化是国家与民族的生命力，因此，红色文化的融入是校园文化建设的主要内容，红色文化应发挥对校园文化主流方向的统领作用。例如，学校艺术团可创作《江姐》《祝福》等红色歌剧，通过大学生的倾情演出，增强高校思政工作的感染力和影响力。红色文化融入校园文化建设，应注重挖掘红色文化的深度内涵，制作校园文化红色精品。例如，组织学生创作红色经典歌剧，创办红色文化社团，举行撰写红色论文比赛，等等。通过这些方式，提升红色文化在校园文化建设，尤其是校园文化氛围营造方面的隐形功能。

最后，将红色文化融入大学生社会实践，可以优化思想政治工作的育人方式。例如，浙江理工大学实行的校地合作，实现与地方政府、职能部门的密切配合，设立"浙江现代革命历史文化研究基地""红色文化研究与实践基地"等把社会实践落实到育人工作②。社会实践作为一种教学方法，是思政工作的重要环节，也是提高思政工作多样性的有效手段。教师通过联系教学内容和目的，指导和组织学生进行社会实践，获得以直接感受为主的知识内容。高校社会实践可依靠实地教学，有效利用清明节、七一建党节等有关节日，带领学生进行扫墓、入党宣誓以及拜访革命前辈与革命烈士家属，倾听革命前辈们的先进事

---

① 把思想政治工作贯穿教育教学全过程开创我国高等教育事业发展新局面［N］. 人民日报，2016-12-09（1）.

② 渠长根. 红色文化研究要从学术自觉走向学科自觉［J］. 浙江工贸职业技术学院学报，2017，17（02）：62-67.

迹，以此提升学生的民族认同感，激发学生的爱国热情和历史责任感，从而达到思想政治教育工作的育人目的。

此外，在高校思想政治工作中，应主动运用新媒体，扩展红色文化在思想政治工作中的传播媒介。还可开展社区服务、三下乡活动等，用红色文化增加思想政治工作的活水源头。

结语

红色文化寓精神于知识传授，可以传播主流意识形态，对思想政治工作价值认同有充分的说服力，能将红色文化小课堂同"大思政"格局结合起来。在新的历史条件下，如何创新红色文化融入思政工作实践途径，如何利用"中国共产党为什么能"这一事实提升高校思政工作实效性，这些都是值得关注的问题，也是不断深入加强红色文化在思政工作中的运用，不断提高广大学生的思想素质、政治觉悟、道德品质的有效渠道。

第四部分

04

【社会实践篇】

第一节　读懂"延安"，回溯"革命"，向中国梦奋进

——赴延安学习培训考察报告

延安，举世闻名的中国革命圣地，对每一个中国人来说都不陌生。从1935年到1948年，中共中央和毛泽东在这里领导、指挥了抗日战争和解放战争，奠定了中华人民共和国的基石，谱写了可歌可泣的历史篇章。"到延安去"是一个多么亲切而又令人神往的一个词句。在当时，曾激励了无数进步青年勇于投身革命洪流之中；之后，同样吸引了社会各界人士的参观学习。不论是当时，还是之后；不论是敌人，还是朋友，中国共产党在延安领导人民所干的革命事业，在令人称赞的同时，也令人深思。共产党人究竟施了什么"魔法"，在如此恶劣的环境下，吸引了那么多进步青年，甘愿为之抛头颅、洒热血；究竟用了什么"法术"，使得小米加步枪有如此神威，令日本侵略者闻风丧胆，令蒋介石反动派不堪一击。带着这些思考，我们有幸在2021年7月3日至9日参加了由学校工会组织的大理大学学习延安精神专题培训班，踏上了寻访革命先辈奋斗足迹的征程，前往圣地感受积淀深厚的延安精神。

短短一周的学习，跟随着中国延安干部培训学院枣园分院的负责人员，参加了他们精心安排的各项教学活动，我们被这片革命圣地弥漫出来的肃穆与庄严的氛围所感染和吸引，我们在杨家岭、枣园、凤凰山等革命遗址零距离感受毛主席、周恩来等一大批中国共产党老一辈革命家在延安革命时期在马克思列宁主义指导下遵循中国革命的实际规律，艰难寻找中国革命的真理、摸索中国革命成功之路、毛泽东思想由幼稚走向成熟的艰难与不易，聆听教授们声情并茂讲授张思德、白求恩的英雄事迹，深切体会着那时那地的共产党人是如何坚持革命信念、坚守为人民服务的革命宗旨、坚持实事求是、保持艰苦奋斗、自

力更生的高尚人格与工作作风，我们被无数次地感动着。可以说，每堂讲授都是一次思想的洗礼。

一、寻访圣地遗迹，回溯"革命"征程

绵延的黄土高坡，神秘的窑洞，巍峨的宝塔山，潺潺的延河水，那一个个从小就熟知的令无数有志之士无限向往的地名，如今在我们的眼中变得越发清晰而真切。脚踏着厚实的黄土，伫立在毛泽东等老一辈革命家们曾经居住过的窑洞前，感受着细雨轻风送来的高原泥土的气息，听着讲解员仿佛身临其境的讲述，仿佛看到了战火硝烟的历史画面，激发了我们对革命圣地延安的无比崇敬。

延安是中国共产党及其领导的人民军队的根据地，是中国革命的摇篮。从一九三五年到一九四七年，十三个春夏秋冬，勤劳勇敢的老区人民用鲜血和生命支持着中国革命，在极其艰苦的条件下，广大军民克服种种困难，开荒种地，纺线织布，一边战斗，一边生产，自己动手、丰衣足食，开展了轰轰烈烈的大生产运动，把昔日的荒山南泥湾变成了陕北的好江南，为夺取革命胜利奠定了物质基础。

延安是中国共产党的指导思想——毛泽东思想从形成、发展到成熟的圣地。在延安中央大礼堂召开的中国共产党第七次全国代表大会上第一次把马克思列宁主义毛泽东思想确立为党的指导思想，第一次把党的指导思想写进了党纲，并且在延安实现了马克思列宁主义同中国实际相结合的第一次历史性飞跃。从此，用毛泽东思想武装起来的中国共产党领导全国人民，沿着正确的方向前进，中国共产党领导的人民武装从小到大，从弱到强，不断发展壮大，打败日本侵略者，推翻了压在中国人民头上三座大山，夺取了中国革命的胜利，中国人民扬眉吐气当家做了主人。

延安是中国革命的大熔炉，吸引着有志青年不怕困难，不怕牺牲，冲破各种阻力，投身革命。在这所大学校里，无数优秀的中华儿女为了全民族的共同利益，抛头颅，洒热血，献出了自己的青春和生命。在陕甘宁解放区这块充满希望的土地上，天是明朗的天，人民心情欢畅，民主政府爱人民，人民拥护领路人，这就是当时良好政治氛围和社会环境的真实写照。

　　延安是红军长征胜利的落脚点，也是建立抗日民族统一战线，赢得抗日战争胜利，进而夺取全国胜利的出发点。中国革命选择了延安，延安成就了中国革命。亲眼目睹延安的风采，感受老区人民淳朴的风情和崇高的风范，那一处处珍贵的历史遗址，一件件简朴的历史遗物，一张张有些残旧的历史照片，一个个泛黄的有些模糊的文字，仿佛无声的历史，向我们倾诉着它们曾经经历过的艰苦卓绝的岁月。从1935年到1948年，十三个春秋，在狭小、阴暗、简陋的窑洞里，毛泽东等老一辈无产阶级革命家，运筹帷幄，决胜千里，一条条指令从这里发出，领导全国人民，取得了抗日战争和解放战争的胜利。在简朴的办公桌上，彻夜长明的小油灯下，毛泽东写下了《论持久战》《为人民服务》《纪念白求恩》《实践论》《矛盾论》《新民主主义论》《中国革命战争的战略问题》《论联合政府》等一篇又一篇闪耀着时代和历史光芒的著作，涉及中国革命的政治、军事、党建、哲学等问题，形成中国共产党集体智慧的结晶——毛泽东思想，指引中国革命前进的方向、领导中国革命从胜利走向胜利。

　　从枣园革命旧址、王家坪革命旧址、杨家岭革命旧址、抗大旧址、延安革命纪念馆到为人民服务讲话台，从宝塔山到凤凰山麓，三山两水，一草一木，空气中仿佛处处充满着历史的气息，带给我们全体学员的是思想上的震撼，心灵上的洗礼，灵魂上的升华。解说员现场生动的讲解，带领我们走进了历史，走进了烽火硝烟的年代；重读"为人民服务"，静心聆听宣讲专家透彻的专题报告和现场教学，理清了中国共产党的发展史和延安在中国革命中的历史地位，系统把握了延安精神的实质；参观毛泽东等老一辈无产阶级革命家曾经战斗生活过的地方，亲身感受了中国革命历程的艰难和夺取中国革命胜利的不易，回首波澜壮阔的中国革命史，深深领会了延安历史的厚重和延安精神的伟大。

　　我们在入党前也学过党史，对党中央、毛主席在延安十三年的革命历史，或多或少都有所了解。但是像这样到现场直接、系统、透彻直观的学习还是第一次。在宝塔山、杨家岭、王家坪、枣园等重要党史发生地，我们瞻仰了中共中央和毛泽东等老一辈无产阶级革命家曾经战斗了十三个春秋的革命遗址。从老一辈革命家在延安住窑洞、吃小米、驱日寇、运筹帷幄打江山的光辉历程中，深入了解了延安精神的真谛。在历史发生地讲述历史、点评历史、反思现实，增强了学习的吸引力、感染力和震撼力。我不仅了解了中国共产党由小到大、中国革命力量由弱到强、中国革命事业从挫折到胜利的历程，还系统地认识了党中央在延安十三年所创造的辉煌业绩，比较深刻地理解了党中央在这十三年间创造、积累的基本经验和启示。读史明志，进一步学习这一段历史，使我深刻感受到了革命的艰难曲折，革命成功的来之不易，也感受到了延安精神的魅力所在。

二、感悟延安精神，立德树人求真知

7月3日，我们一行在学校党委杨韶春副书记的率领下，踏上学习的征途，经大巴、飞机、动车的几番换乘，到延安已是傍晚时分，夜幕下的宝塔山依然巍峨，延河水依然滚滚流淌，"几回回梦里回延安，双手搂定宝塔山"的诗句一下子活了。随后的几天里，我们参观了杨家岭、枣园、王家坪等革命旧址和延安革命纪念馆。参观的过程中，让我们感到，时光仿佛回到了那个激动人心的革命年代，党中央和毛主席在这里领导、指挥了抗日战争和解放战争，为夺取全国政权、建立新中国奠定了坚实的基石，谱写了可歌可泣的历史篇章。

延安精神，就是自力更生、艰苦奋斗的创业精神。我们党是靠艰苦奋斗起家的，我们党和人民的事业是靠艰苦奋斗不断发展壮大的。回顾党的历史，从在上海成立到井冈山时期，从遵义会议到延安时期，从西柏坡到夺取全国政权，从新中国成立到改革开放新时期，党的每一个成就、每一次胜利，都离不开艰苦奋斗。毛泽东主席虽然日理万机，还在杨家岭的山脚下耕种了一块地。朱德总司令在王家坪开了3亩地，种了10多种蔬菜，从前线回延安的同志都喜欢到他那里打牙祭。周恩来、任弼时被评为"纺线能手"。刘少奇吃小米胃疼，但他把撰写《论共产党员修养》所得稿费全部交了党费，依然坚持吃小米饭。这样的事例不胜枚举。1946年，安娜·路易斯·斯特朗访问延安，她在访问记录中写道："党的负责干部，住在寒冷的窑洞，凭借微弱的灯光，长时间的工作，那里没有讲究的陈设，很少物质的享受，但是住着头脑敏捷、思想深刻和具有世界眼光的人。"她认为"解决远东命运的、解决中国命运的，不在于美国，不在

于南京，而在延安"①。

延安精神，就是全心全意为人民服务的精神。延安时期是我们党在中国局部地区建立人民政权并不断扩大执政区域的重要时期。我们党历来把为中国广大人民谋利益作为自己的根本宗旨，在延安时期又响亮地提出了"为人民服务"的口号并在全党认真实践。那时的陕甘宁边区政府，被誉为"民主的政治，廉洁的政府"。当年驻延安的美军观察组成员说："这里不存在铺张粉饰和礼节俗套，没有乞丐，也没有令人绝望的贫困现象，人们的衣着和生活都很俭朴，人民之间的关系是坦诚、直率和友好的。这里也没有贴身保镖、宪兵和重庆官僚阶层的哗众取宠的夸夸其谈。"② 中国共产党就是以对人民的无限忠诚赢得了人民的拥护和支持。

延安精神，就是理论联系实际、不断开拓创新的精神。延安时期是我们党科学总结正反两方面经验，成功地推进马克思主义中国化、在理论上实现第一次历史性飞跃的时期。毛泽东同志的许多重要著作，如《中国革命战争的战略问题》《实践论》《矛盾论》《论持久战》《新民主主义论》《论联合政府》等，都是在延安时期完成的。毛泽东思想正是在延安时期逐步成熟并正式写到了党的旗帜上。可以说，没有开拓创新，既不会有延安精神，也不会有毛泽东思想。

延安精神，就是实事求是的思想路线。用实事求是来概括我们党的思想路线，也是在延安时期。延安时期，我们党在思维方式上，反对教条主义，着力推进马克思主义中国化，成功解决了如何从"把马克思主义教条化，把共产国际指示和苏联经验神圣化"的迷信中解放出来的历史任务，实现了马克思主义基本理论同中国实际相结合的历史性飞跃；在行为选择上，求真务实，展现出宏大的"中国作风"和"中国气派"，成功解决了马克思主义中国化面临的文化认同与重构问题；在精神风貌上，开拓进取，不唯书、不唯上、只唯实，尊重实践，善于调查研究，勇于坚持真理、修正错误，全党各级干部形成说实话、鼓实劲、办实事、求实效的优良作风。实践表明，只有解放思想，才能达到实事求是；只有实事求是，才是真正的解放思想。

① 中共中央文献研究室第一编研部编著 . 毛泽东军事箴言：全 2 册上 ［M］. 沈阳：辽宁人民出版社，2018（125）.

② 何虎生 . 中国共产党人的精神 ［M］. 合肥：安徽教育出版社，2016（364）.

在革命圣地延安的几天时间里，全体学员一直难以抑制内心的激动，对延安精神愈加敬佩，在心灵的深处产生一种清晰而深刻印象。回首波澜壮阔的中国革命史，如果没有 20 世纪二三十年代我党数十年的武装革命斗争，就没有延安精神的孕育与诞生；如果没有我党在延安十三年艰苦奋斗的创业历程，就没有延安精神的成熟与发展；如果没有此后新民主主义革命的光辉胜利与社会主义建设的伟大成就，也就没有延安精神的继承与发扬。

延安精神不是起点、更不是终点，它是马列主义普遍真理与中国革命实践相结合的产物，它从黄土高原的陕甘宁边区走来，却不仅仅属于延安，它早已随着革命的胜利走向全国，它是属于整个中华民族的；它从炮火硝烟中历练萌生，却不仅仅适用于革命战争年代，它既是历史的，又是现实的，更是未来的。

战争年代，延安精神指导中国革命取得伟大的胜利。和平时期，延安精神同样具有现实指导意义，需要我们去探索和深思。

学习延安精神，坚定正确的政治路线。通过培训学习，我们深深体会到，延安时期的整风运动，统一了党内的思想，营造出同心同德、团结向上的政治局面，形成了强大的革命合力。中共七大确立毛泽东思想为我党的指导思想并写入党章，在其光辉指引下新民主主义革命取得了最终的成功。新时期，坚定正确的政治方向，就是坚持以毛泽东思想、邓小平理论、"三个代表"重要思想和科学发展观为指导，坚定走中国特色社会主义道路不动摇。就是要讲政治，守纪律，懂规矩，牢固树立政治意识、大局意识、核心意识和看齐意识。就是要把教育事业当作党和人民事业不可分割的一部分，将其提高到讲政治的高度，每件事都服从、服务于这一伟大的目标，凡是有利于国家和人民的事，我们都应尽全力做实、做好。不忘初心，牢记使命，使高等教育事业始终沿着正确的政治方向继续前进。

学习延安精神，树立科学的思想路线。延安时期倡导的"一切从实际和实践出发，实事求是"的思想，使我们党摆脱了"本本主义""教条主义"的束缚，抓住了历史的机遇，顺应了时代的要求，赢得了革命的成功。新时期，坚持解放思想、实事求是的思想路线，就是要与时俱进，开拓创新，牢固树立和落实科学发展观，树立正确的教育观，质量观，学生观。把抗大的教育方针"坚定正确的政治方向，艰苦朴素的工作作风"在新时期不断发扬光大。

　　学习延安精神，就是把人民的利益永远放在第一位。我们党正是因为赢得了占总人口80%以上的农民的信任与支持，才取得了人民战争的最终胜利，并被历史推上了领导者的岗位。新时期，坚持全心全意为人民服务的根本宗旨，就是要始终代表最广大人民的根本利益，立党为公，执政为民，权为民所用、情为民所系、利为民所谋。

　　学习延安精神，就是要保持艰苦奋斗的工作作风。新时期，坚持自力更生、艰苦奋斗的创业精神，就是要清正廉洁，励精图治，无私奉献，着力解决教育改革发展当中遇到的各种矛盾和问题，扎扎实实推进教育改革。通过培训，我已深深地懂得，艰苦奋斗不是为了艰苦而艰苦，而是要珍惜今天来之不易的幸福生活，从而激发出干事创业的劲头，奋发有为的动力，树立节约的意识，培养勤俭节约的习惯。延安精神其实就在我们身边，让我们从节约每张纸、每一度电做起，从珍惜每一秒钟的时间做起，从身边的点滴小事做起，珍惜当下，只有这样才能无愧于前辈，无愧于子孙。

　　学习延安精神，弘扬爱国主义优秀传统。在抵御外侮，推翻"三座大山"压迫的革命战争年代，中华民族迸发出的强烈爱国主义热情是深植于每个华夏炎黄子孙血脉中的民族魂，她是中华民族自立于世界民族之林的精神支柱，她如宝塔巍巍，耸立云端，她如延河绵绵，源远流长，直到永远。

　　学习延安精神，践行党的群众路线及思想方法。在延安革命纪念馆里，我看到最多的是群众的智慧和群众的参与：建机场、搞支前、驮盐巴、大生产……从群众中来，到群众中去，发动和组织群众，依靠和为了群众，在延安十三年的革命历程中贯穿始终。在新时期、新阶段，这些宝贵的精神财富更应发扬光大。在平时的工作中，就要求我们弯下身子，深入基层学校，深入教学第一线，把各项工作落到实处，时刻保持和教师群体的血肉联系，让我们的工作成为有源之水、有本之木。

　　学习延安精神，坚持批评和自我批评的优良传统。批评和自我批评，作为我党三大优良作风之一，被中国共产党人赋予了时代新的内涵。知错必改，善莫大焉。延安时期我党高度重视社会关注，大力减轻陕甘宁边区百姓负担的各种举措，在分析客观情况的基础上，积极从主观上寻求新的思路和办法，纠正错误，解决难题，全党全民参与，终于战胜了困难，渡过了难关。批评与自我批评是一种态度，更是一种修养，还是一种能力，只有具备了这种态度，这种修养，这个能力，我们的事业才能在实践中不断超越自我，不断改进，不断进步。

延安时期在中国革命史上的地位，毛泽东曾做过这样的评价，他指出，陕北有两点：一是落脚点，二是出发点。具体说，延安是红军长征的"落脚点"和抗日战争的"出发点"，总之，是中国革命走向全国胜利的"转折点"。

延水悠悠，千年不断；延安精神，永放光芒。有了"精神"这个法宝，人才变得有"精神"，事业才会有"精神"，民族才能更"精神"。此次延安红色教育虽然结束了，但学习、实践、发展、弘扬延安精神的历史使命却远未结束，而是才刚刚开始。我们，为了寻找一种精神而来，带着一个坚定信念而走，向着一个伟大目标而努力前行。不虚此行，确实不虚此行！在为人民服务讲话台前重温入党誓词时，我们就暗下决心：一定要把延安精神和思想政治教育教学紧密地结合起来，以"立德树人"为指针，立足本职、服务大众，为中国特色社会主义事业做出自己应有的贡献。

三、多元化教学精彩纷呈，红色教育永记于心

本次培训班在学习培训内容上，以学习延安精神、加强党性修养、提升育人能力为主线；在教学形式上，采取了专题教学、现场教学、情景体验式教学、实践教学、研讨教学等五位一体的教学模式。培训过程中，全体学员严格遵守培训纪律，以勤奋严谨的学风，高质量完成了本次培训学习的各项任务。为期一周的学习，短暂、紧张而有秩序，归纳起来，我们认为主要有"三个特点""四点感受""四点收获"。

（一）三个特点

专题讲座效果好。7月3日上午，延安大学崔平教授作了《学习十八届六中全会，落实全面从严治党》的专题讲座，分别从"十八届六中全会是全面从严治党新阶段的标志""全面从严治党是当前中国共产党党建的重大现实任务""十八届六中全会的三大主要历史性贡献"等三个方面系统解读和阐释了当前应如何抓好党建工作，落实中央全面从严治党的战略方针。7月6日晚间，延安大学杨延虎教授为学员们作了《党中央在延安十三年》专题讲座，通过主讲"延

安是中国共产党的圣地""党中央在延安十三年的辉煌业绩""党在延安时期创造辉煌业绩的经验启示"等三部分内容，以历史脉络展示了党中央在延安十三年的革命历程。全体学员深受教育，对延安精神有了全面的了解。

参观走访收获多。培训期间，学员们参观了洛川会议纪念馆、王家坪革命旧址、延安革命纪念馆、杨家岭革命旧址、枣园革命旧址、宝塔山革命圣地等地，铭记了光辉历史，缅怀了革命先烈，对延安精神有了更加深刻的理解；学员们探访了延川梁家河村，追寻习近平总书记走过的知青路。在讲解员的引领下，大家认真参观了习近平总书记插队时居住的窑洞、用过的劳动用具和生活用具等，详细了解了梁家河村的发展历程，特别是习近平总书记担任梁家河村大队党支部书记期间弘扬延安精神，带领群众苦干实干、改变贫困落后面貌的奋斗史，实地体验了习近平总书记当年的插队生活，接受艰苦奋斗的革命传统教育；此外，我们组还沿途参观了延安新城区的建设与发展，了解了今日延安新面貌，延安人民自强不息，削川填沟开辟新天地，为延安精神注入了时代的元素。

情景体验感悟深。通过情景教学让我们从当年的场景中触摸历史，让我们在实景中引发思考。置身于历史的场景，我们深感中国革命成功来之不易，在那战火纷飞的年代，无数的革命先烈为了中国的解放抛头颅，洒热血，表现出来的那种不畏艰难、不怕牺牲的革命精神和敢于担当的责任意识，永远值得我们学习和效仿。因此，我们弘扬延安精神，就是要履行好担当之责。延安时期，我们党和人民面对在艰难困苦，不畏险阻，夺取了一个又一个胜利，诠释了共产党人所肩负的责任和担当。

现场说教意义大。在《为人民服务》讲话纪念广场上和凤凰山麓，李世明老师和王琇蓉老师分别为大家讲授了《张思德和张思德精神》《白求恩与白求恩精神》，故事朴实无华但却震撼人心，张思德同志为人民利益勇于牺牲、任劳任怨、艰苦奋斗的精神和白求恩同志毫不利己、专门利人、积极进取、勇于奉献、善于吃苦、对工作极端负责的精神对于今天的党员仍然有着深刻的现实意义，深深地触动了在场的每位学员。大家深深地知道，无论是张思德精神，还是白求恩精神，它们都是延安精神不可或缺的重要部分。面向张思德同志塑像，大家进行了庄严的"重温入党誓词，坚定理想信念"宣誓活动。对着党旗，党员同志们进一步坚定了"不忘初心，继续前进，跟党走"的决心，增强了党员意识。

研讨交流话"延安"。培训课余时间，学员们进行了热烈的分组讨论；行车途中，学员们还通过"巴士课堂"的形式交流心得体会。大家对延安精神有了一个共识，它的主要内容就是："坚定正确的政治方向，解放思想、实事求是的思想路线，全心全意为人民服务的根本宗旨，自力更生、艰苦奋斗的创业精神。"

（二）四点感受

①培训策划好（目的明确、内容丰富、组织有序）；

②学习环境好（革命圣地延安、延安干部培训学院枣园分院）；

③老师讲授好（精心备课、认真授课、理论联系实际）；

④学员学得好（认真听讲、做好笔记、热烈讨论、加深理解）。

此次培训，立足圣地延安，对接时代呼唤，传承"团结、紧张、严肃、活泼"的抗大校训，以革命传统教育、延安精神教育和十八大以来习近平重要讲话精神为主题，把延安革命历史作为干部思想教育的鲜活教材，把红色资源作为动态的一线课堂，寓理于史、寓教于乐、寓情于景，让全体学员得以在行走中感悟历史、在共鸣中传承精神，唤醒情感记忆，升华生命境界，点燃事业激情，提升育人能力。

（三）四点主要收获（"两个加深""两个强化"）

1. 加深了对习近平重要讲话精神的理解

党的十八大以来，习近平总书记站在新的历史起点，对治国理政的各个方面发表了一系列重要讲话，充分体现习近平总书记强烈的使命担当、坚定的政治定力、鲜明的改革精神、科学的法制理念、真挚的为民情怀、从严治党的方针。深刻回答了党和国家事业发展的重大理论和实践问题，集中展示了中央领导集体的治国理念和执政方法，是坚持实践创新和理论创新的最新成果，是坚持和发展中国特色社会主义、实现中华民族伟大复兴中国梦的强大思想武器。

通过老师的讲授，使我们对中国特色社会主义根源在哪里、特点在何处、走向哪里和自信何在，有了进一步的理解，更加坚定了走中国特色社会主义的道路自信、理论自信、制度自信；加深了对中国梦的内涵、本质的理解，明确了中国梦的实践要求；进一步明确了协调推进"四个全面"战略布局的重大意义、相互关系和实践要求；增强了管党治党的紧迫感和责任感；等等。要求我们"学全、学透、学实"讲话精神，做到学而信、学而用，将其内化于心，外化于行，落实到工作中。

2. 加深了对党中央在延安十三年的了解

通过专题教学、实地参观和情景教学，使我们对党中央在延安十三年有了比较全面的了解。延安，它本是一块平凡的黄土地，但是中国共产党人改写了延安的历史。它既是红军长征胜利的落脚点，也是建立抗日民族统一战线、赢得抗日战争胜利，进而夺取全国胜利的解放战争的出发点。从1935年到1948年的十三个春秋，毛泽东等老一辈无产阶级革命家运筹帷幄，决胜千里，领导和指挥了中国的抗日战争和解放战争，奠定了中华人民共和国的坚固基石。在这片神奇的土地，孕育了伟大的"延安精神"，谱写了可歌可泣的伟大的历史篇章；在这里，诞生了中国的马克思主义——毛泽东思想。延安精神是力量之源、胜利之本，过去是，现在是，未来仍然是我们党的政治优势、组织优势和执政优势。毛泽东思想是中国共产党集体智慧的结晶，成为中国共产党领导中国革命和建设的伟大旗帜。

3. 增强了党性修养，坚定了理想信念

在为人民服务讲话台前，面向鲜红的党旗，我们重温了入党誓词；瞻仰了革命前辈居住的窑洞，追寻先烈遗迹……通过这些教学活动使我们内心受到震撼，洗涤心灵，净化灵魂，受到了深刻的党性教育。习近平总书记指出："抛弃传统、丢掉根本，就等于割断自己的精神命脉。""只有对马克思主义信仰坚定了，对中国特色社会主义信念坚定了，对党忠诚才能有牢靠的基础，才能做到千磨万击还坚劲，任尔东西南北风。"坚定理想信念，坚守共产党人精神追求，始终是共产党人安身立命之本。对马克思主义的信仰，对社会主义和共产主义的信念，是共产党人的政治灵魂，是共产党人经受住任何考验的精神支柱。当前，面对多元思想相互激荡、物质诱惑无孔不入的严峻考验，我们一定要拧紧"总开关"，补足精神之"钙"。当年革命先辈为人民不怕抛头颅、洒热血，今天作为一名党员教师，一定要筑牢理想信念，真正做到知之深、信之笃、行之实，做信念坚定的明白人，表里如一的老实人，严守纪律的规矩人。

4. 增强了敢于担当的使命意识

党中央在延安十三年，面对的艰难险阻在常人看来是无法克服的。但以毛泽东为核心的党中央从来没有被困难所吓倒，始终坚持革命的崇尚理想，勇于担当，使我们党由弱变强、转败为胜。延安精神是中国共产党人和中华民族的精神家园，是全党全国人民从胜利走向胜利的力量源泉和制胜法宝。今天，我们正在为实现中华民族伟大复兴的中国梦而奋斗，必须弘扬伟大的"延安精神"，唯有实干才能梦想成真。

通过此次培训，我们增强了责任意识和担当精神，像革命前辈那样，做到在其位就要谋其政，把高标准履职尽责作为基本要求，日常工作能尽责、难题面临敢负责、出现过失敢担责。开拓创新、知难而上；原则面前、旗帜鲜明；危难时刻、冲锋在前。弘扬延安精神，就是要把延安精神存之于心，见之于行，融入自身岗位职责，提高自身能力。

四、寓学于教：延安精神融入思政课堂，内化于心外化于行

"百年积弱叹华夏，八载干戈仗延安，试问九州谁做主？万众瞩目清凉山。"在那些风雨如晦的岁月里，中国共产党凭借革命实践中形成的延安精神，领导全国各族人民赶走了日本侵略者，推翻了国民党反动派的黑暗统治；在今天中国特色社会主义社会事业的建设中，延安精神仍然有着鲜活的生命力和不可或缺的现实价值。作为思政课教师，我们这次学习培训的目的，不仅是我们自己要认识和理解博大精深的延安精神，而且要通过课堂将这些进行继承和发扬下去，所以这次学习培训也让我们增加了课程内容的形象生动的体验，同时也为我们提供了丰富的课程案例。

（一）中国近现代史上一次历史性巨变

在《中国近现代史纲要》课程中，我们要让青年学生理解这样的历史问题：中华民族是怎么样走进 20 世纪，又是怎么样走出 20 世纪迎接新世纪的？20 世纪中国翻天覆地的变化是什么样的变化？20 世纪百年中国的三次历史性巨变是怎么发生的？其中一次伟大的变革就是新中国成立，标志着中国共产党领导全国各族人民争取民族独立和人民解放斗争取得决定性胜利。

　　而在新中国成立之前，国共第二次合作的延安时期，不仅是中国历史从国内革命战争向抗日民族战争的转折，而且是从抗日战争向人民解放战争的转折，中共在延安的十三年，是毛泽东指出的"中国革命的起承转合点"。在共和国从延安走向了北京的过程中，陕甘宁边区是中国共产党进行社会改造和社会治理的第一个试验田。

　　1937 年 9 月 6 日，陕甘宁边区政府宣告正式成立，下辖陕西的延安、延川、延长、清涧、绥德、米脂、葭县（今佳县）、吴堡、安定（今子长）、安塞、靖边、定边、保安（今志丹）、甘泉、鄜县（今富县）、淳化、旬邑，甘肃的宁县、庆阳、合水、镇原、环县，宁夏的盐池等 23 个县及神府特区，北迄长城沿线，南至淳化，西临固原，东濒黄河，面积 12.9 万余平方公里，人口 200 万。在这一区域，中共中央进行了切实的抗战动员，民主政治的建设，文化教育工作的普及，增进国防与民生的经济建设，肃清土匪汉奸，发扬艰苦奋斗的工作作风，在全国解放区的建设中起到了模范与推动作用。尤其是这一时期的社会治理，为新中国成立后的治国理政积累了宝贵的经验。

　　延安时期，在人民享有各种自由民主权利的基础上，实行"普遍、平等、直接、无记名"的选举，建设民主政治，积累治国安民经验。边区政府厉行廉洁政治，防范腐败侵蚀政权肌体。开展劳模运动和大生产运动，实现了丰衣足食。通过公办、民办、民办公助等办法，大力发展国民教育。通过冬学运动，推动扫除文盲的社会教育。陕甘宁边区政府存在了 12 年 4 个月 23 天，和 1931年成立的中华苏维埃共和国一样，为共和国提供了丰富而宝贵的经验。

　　（二）毛泽东思想确立为党的指导思想

　　在《毛泽东思想和中国特色社会主义理论体系概论》课程中，将"毛泽东思想"和"中国特色社会主义理论体系"列为"马克思主义中国化"的两大理论成果。其中"毛泽东思想"是"在土地革命战争后期和抗日战争时期得到系统总结和多方面展开而达到成熟"的，也就是说，延安时期是毛泽东思想形成并提出的重要时期。

　　延安时期，毛泽东的文章被收入《毛泽东选集》的有 112 篇，占其总数 159篇的 70%，之前的 11 篇，之后的 36 篇。刘少奇的 27 篇，之前的 6 篇，之后的5 篇。周恩来的 39 篇，之前的 11 篇，之后的 10 篇。从 1936 年到 1940 年，毛泽东撰写了一批理论色彩非常浓的文章，是毛泽东思想在延安时期得到系统总结多方面展开而达到成熟的代表作。

1945 年 4 月 23 日，中国共产党第七次全国代表大会在延安召开。张闻天、刘少奇对毛泽东思想做了系统的阐述，把毛泽东思想提升到了前所未有的高度。

延安时期在马克思主义中国化问题上中国共产党人做了不懈的努力。一方面，以马克思主义中国化为突破口，清算了党内长期存在的把马克思主义"教条化"的问题；另一方面，中国共产党人对中国革命进行了新的理论探索，创立了新民主主义理论。在这两个方面，毛泽东都做出了巨大的贡献，即他不仅根据中国革命的实际提出了马克思主义中国化的命题，而且做了理论创新——提出了新民主主义理论，并为之实践。正如刘少奇所言，毛泽东"在理论上敢于进行大胆的创造，抛弃马克思主义理论中某些已经过时的、不适合于中国具体环境的个别原理和个别结论，代之以适合于中国历史环境的新原理和新结论，所以他能成功地进行马克思主义中国化这样艰巨的事业"①。从 1938 年 10 月六届六中全会期间毛泽东提出马克思主义中国化命题，到中共七大把毛泽东思想作为中国共产党的指导思想，中共实现了马克思主义中国化的努力目标，形成了中国本土的马克思主义理论体系——毛泽东思想。

（三）实事求是，在实践中坚持和发展真理

在《马克思主义基本原理》课程第二章《认识的本质及其发展规律》第三节《认识与实践的统一》中讲到，马克思主义认识论的基本精神是"一切从实际出发，实事求是""在实践中坚持和发展真理""认识世界和改造世界相结合"。延安时期的整风运动是马克思主义这一基本原理的具体实践。

从 1934 年第五次反围剿的失败，到 1937 年抗战爆发初期，中共经历了革命的一个低谷。为什么中共革命出现低谷？以毛泽东为代表的中共领导人，把其根本原因归结于教条主义、宗派主义、主观主义的"假马克思主义"影响。中共先后召开六届四中全会和五中全会，在党内形成新的"左"倾路线，其特点是"披着'马克思主义'的外衣……在思想上、政治上、军事上、组织上表现得最为充分和完整"；其最大的恶果就是"中央所在地区第五次反'围剿'战

---

① 《刘少奇选集》上卷 ［M］．北京：人民出版社；1985；336-337，333.

争的失败和红军主力的退出中央所在地区"。即中国革命之所以出现如此大的低谷，是党内以王明为代表的一部分人把马克思主义教条化的结果。由于战争等因素的影响，党内存在的"马克思主义教条化"问题尚未来得及彻底清算。

延安整风对历史是非和经验的深刻总结也产生了重要的作用，培养了一大批领导干部和人才。毛泽东说"最好最有效的方法是办学校"，这"是共产党的大事"。1938年六届六中全会后，在全党范围开展在职干部学习运动。从1942年起，陆续抽调了千余名高中级干部回延安，集中到中央党校参加整风学习。全党懂得了实事求是思想方法的重要性，形成了党的三大优良作风，确立实事求是的思想路线。总结了历史经验，全党从历史和现实的比较中深刻地认识到毛泽东思想的科学性，从而为确立毛泽东思想的历史地位奠定了坚实的思想基础。澄清了历史是非，全党在以毛泽东为首的党中央坚强领导下实现了空前的团结和统一。

总之，这次延安之行收获颇多，是一次精神净化之旅，也是一次修养提高之旅，更是一次能力提升之旅。我们第四学习小组都是思想政治理论课和马克思主义理论学科的一线教师，工作职责与广大青年学生的成长成才息息相关，如何真正做到"立德树人"，我想通过本次的培训学习，自觉成为延安精神的忠诚实践者，将延安精神发扬光大。认真履行好自己的职责，认真贯彻落实习近平总书记的系列重要讲话精神，为党和人民忠心耿耿、兢兢业业、踏踏实实地工作，为推动学校发展作出应有的贡献。

第二节 龙陵抗战历史资源保护与利用的现状调查

—— 兼谈高校思政课应如何运用好抗战历史资源，弘扬抗战精神

龙陵县地处云南省西部边陲，是世界反法西斯战争中国滇西抗战的主战场，为滇缅公路交通咽喉。抗战期间，日军为截断国际唯一援华物资运输线——滇缅公路，于1942年5月自缅甸入侵滇西，进占滇西之龙陵、腾冲。因此，龙陵地区遗留下了较多的抗战遗址遗迹，也有较为典型的抗战纪念陈列，对此，笔者（本书著者）在2018年7月中旬利用为期一周的时间进行了实地探寻考察，对龙陵抗战历史资源的现状进行了大致的摸底。同时，结合教育教学实际，初步探索高校思政课教学运用好地方抗战历史资源、弘扬抗战精神的基本思路。

一、龙陵抗战历史资源的类型和典型遗址遗迹

龙陵县抗战遗址遗迹众多，根据其分布和性质的不同，大致有以下五种类型：

（一）滇缅交通遗迹：惠通桥和惠通桥至松山保存较为完好的滇缅公路。

【例】惠通桥

惠通桥位于云南省保山市龙陵县与施甸县交界的怒江峡谷，早在明代以前就是滇西交通的重要渡口，史称"腊勐渡"。清道光至同治年间，曾由潞江土司线如伦和永昌府同知覃克振倡导修建铁索吊桥，沿用数十年。20世纪30年代中期，国民政府修筑滇缅公路，因资金不足，曾约请爱国华侨梁金山捐款数万元，将铁索吊桥改建为新式柔型钢缆公路桥，桥体以钢缆嵌入两端石壁悬吊而成。桥墩高30米，跨度123米、面宽5.6米，枯水期高出水面约15米。新桥落成那天，梁金山还运来一头大象踩桥，并正式定名"惠通桥"，从此，惠通桥这一响

亮的名称，标上了中国地图。

1937 年"卢沟桥事变"之后，惠通桥就不曾太平过。1939 年，中国抗战进入最黑暗的时刻，国土大面积沦陷。中国所有的国际通道几乎被日军封锁殆尽，只剩下偏居大西南的一条滇缅公路，成了外国援助中国战略物资进入的唯一"输血"通道。后来，美军顾问团参谋长弗兰克·多尔曾经惊叹地说："我第一次看到了那可怕的怒江河谷，与我们科罗拉多大峡谷一样的伟岸雄峙，但更加险峻。怒涛拍岸，其声在数英里之外都可以听到。"然而，这座桥在之后一度成为盟国援华物资及滇缅抗战的"血线"要卡，并改写了中国抗战的历史。

（二）日军侵华罪证设施遗址：腊勐松山日军阵地、龙陵老东坡日军阵地、龙陵董家沟日军慰安所旧址、龙陵白塔赵家祠堂日军司令部旧址、龙陵日军军政班本部旧址、东卡侵华日军碉堡，平达乡驻平达日军总部旧址、日军行政班本部旧址、日军警卫班旧址、日军医院旧址、日军"慰安所"旧址、"八人坑"遗址等。

【例】龙陵"董家沟日军慰安所"

云南省龙陵县"董家沟日军慰安所旧址"系松山战役旧址之一，位于龙陵老城区董家沟旁。房屋始建于 1921 年，占地 842.1 平方米，建筑面积 367 平方米，全院有大小房舍 23 间。布局严谨，属典型的民国时期走马串角楼四合院民居建筑。1942 年日军占领龙陵后，该民居被强占为"军人服务社"——慰安所。董家沟日军慰安所，是战时龙陵城最大的日军慰安所。同时也是日军"慰安妇"的"轮训"基地。1942 年至 1944 年间，这里长期住有日、韩中及东南亚各国被日军强掳、强征来的数十名"慰安妇"，这些"慰安妇"每天在此专供日军官兵淫乐，成为受迫害的日军性奴隶。1944 年中国远征军收复龙陵前，为藏匿罪证，日军以枪杀和强迫服毒方式处死了在这里的所有"慰安妇"。现存慰安妇旧址和内设的日军慰安妇制度陈列展，是日本军国主义反人道罪行的重要罪证。

展览馆在陈展的内容上，采取"编年体夹专题"的形式，以时间先后为序，重点从"慰安妇"制度的建立、发展、消亡到战后艰难的追诉这一过程，充分展示了日军"慰安妇"制度的丑恶本质。展览馆共展出文物 100 余件，图片资料 200 余幅，史料 16 条。展馆共设展厅四个。第一展厅主要从宏观上介绍日军

"慰安妇"制度的起源、确立、发展、消亡的整个过程；第二展厅详细介绍了滇西日军慰安所设立的整体情况，目的在于以滇西为基点，辐射全国；第三展厅以李莲春和朴永心两位慰安妇为典型，深刻揭示了二战期间受害慰安妇的苦难历程；第四展厅为艰难的追诉，总体介绍了近几年来各国受害慰安妇到日本进行申诉索赔的情况。

（三）地方民众敌后抗日活动旧址：龙陵象达张家坡头龙潞游击队司令部兼抗日县政府驻地旧址等。

（四）中国远征军大反攻作战遗址：龙陵松山抗日战场，龙陵城区及周边地区抗日战场，象达街子及周边地区抗日战场，平达街及周边地区抗日战场等，龙新乡远征军第十一集团军指挥部遗址，勐糯镇杞木林之战遗址、小黑箐之战遗址、怒江沿线惠通桥、碧寨渡、攀枝花渡（船口坝渡）、打黑渡、罕乖渡、蚌东渡、七道河渡等远征军反攻桥梁和渡口旧址。

【例】龙陵松山会战遗址

松山是著名的滇缅公路咽喉要塞，被军事专家称为"东方直布罗陀"，亦是滇西抗战主战场。松山战役遗址是滇西抗战中保存最为完整的一个大型战场遗址，也是目前保存最为完好的二战战场遗址之一。经普查共有遗址 69 个，遗迹815 个，保存完好的战壕约 13200 米，其无法拷贝的唯一性，已成为人们追忆抗战历史、体验抗战文化的一个重要"磁点"。

从云南省龙陵县城东行 39 公里，便到了松山。南北绝壁、谷深万丈、沟壑纵横，处处均有"一夫当关、万夫莫开"之势。现存的松山战役遗址，主要集中在腊勐乡大垭口村东西两侧的松山山顶一带范围约 4 平方公里。远远望去，松山宛如一只巨大的乌龟盘踞在怒江大峡谷上空，一派郁郁葱葱、生机盎然。进入松山，首先进入视野的是"滚龙坡"战场遗迹。"滚龙坡"是远征军在松山战役中首先攻克的一个外围据点，当年这里是日军的炮兵阵地，战斗历时 29天，攻击达 14 次之多。绕过"滚龙坡"，便进入"大垭口"。

1942 年日军侵占滇西，松山由日军第 56 师团被称为"战争之花"的 113 联队驻守。日寇在松山构筑的阵地主要有松山主峰子高地、滚龙坡、大垭口、长岭岗（包括大寨、黄家水井、马鹿塘）四个能独立作战的坚固据点组成。阵地上有山炮、战车、汽车及其掩体，设有医院及慰安所，地下有电话、通讯、供水、照明等系统设施，有小型发电厂一座。粮秣弹药储备充足。1944 年，中国远征军由宋希濂将军指挥第 11 集团军之 71 军和第 8 军经过 3 个月零 3 天战斗攻克。松山战役享誉中外，松山是用英烈的鲜血筑成的红土地。

（五）战后纪念设施设备：龙陵城区东卡抗战纪念广场，龙陵抗战纪念馆，中国远征军雕塑群，龙陵抗战胜利纪念碑（云龙寺山脚）和松山 103 师抗战阵亡将士公墓碑等。

【例】龙陵抗日战争纪念馆

云南龙陵地处滇缅公路咽喉。抗日战争时期，成为中日双方交战的核心地区。1942 年 5 月，侵华日军在龙陵松山构筑工事，吹嘘松山是东方的"马其诺防线"。为铲除日军设在滇缅公路上的障碍，使中国军队及作战物资能顺畅地运往前线，1944 年 6 月 4 日至 9 月 7 日，中国远征军第 71 军新 28 师、第 8 军奉命攻击松山日军，先后共计投入了 8 个步兵营兵力。松山战役历时 3 个月零 3 天，大小战役上百次，共歼灭日军 3000 多人，中国远征军也伤亡达 7600 多人。松山战役加速了中缅对日作战的胜利。为纪念龙陵抗战，2004 年建设龙陵抗战纪念馆，占地面积 7.8 亩，由纪念坛、出征泉、日军碉堡、大型浮雕景墙、怀思池、升旗台、长鸣钟、抗战纪念馆等组成。龙陵抗战纪念馆展出分为"万众一心共筑血战""日军入侵断我后路""不甘奴役奋起抗争""调集大军组织反扑"等 8 个部分。龙陵抗日战争纪念馆于 2006 年被国务院公布为全国重点文物保护单位；2009 年被云南省委、省人民政府公布为云南省爱国主义教育基地。

【例】中国远征军雕塑群

2013 年 9 月 3 日是中国人民抗日战争暨世界反法西斯战争胜利 68 周年纪念日，中国远征军雕塑群选择这天在云南省龙陵县松山抗战遗址落成。中国远征军雕塑群由雕塑家李春华创作并捐赠。整个雕塑群位于滇西抗战主战场松山主峰子高地南侧，占地约 17500 平方米，由 402 座单体雕塑组成，用东方造像方式，按真人尺度 1：1.2 的比例塑造，分将军、夏装士兵、秋装士兵、冬装士兵、驻印士兵、娃娃兵、女兵、跪射兵、炮兵、在世老兵、战马、吉普车 12 种方阵。雕塑以士兵为主体，选取戴安澜、史迪威、孙立人等 22 位将军为军官代表，突出付心德、刘桂英、鲍直才等 28 位在世中国远征军老兵，以表达迟到的关怀和对中国抗战的深刻理解，让后辈铭记中国远征军的悲壮历史。

二、龙陵抗战历史资源的保护及利用情况

在历届县委、县政府的重视和努力下，1993 年，松山战役旧址被云南省政府公布为第四批省级文物保护单位；1998 年，被列为省级爱国主义教育基地；2003 年，日军侵华罪证遗迹被云南省政府公布为第六批省级文物保护单位；2004 年县成功举办了纪念滇西抗战胜利六十周年纪念活动，修建了抗战纪念广场；2006 年，松山战役旧址及龙陵县城日军侵华罪证遗迹被国务院公布为第六批全国重点文物保护单位，公布名称为"松山战役旧址"；2010 年开展了松山历史文化资源普查，出版了《松山历史文化资源普查资料汇编》；2011 年，由国家 14 个部委联合发文列为第二批全国红色旅游经典景区名录；2012 年国家文物局发文批复同意《松山战役旧址文物保护规划》。象达乡龙潞游击队司令部及抗日县政府旧址于 2011 年 3 月公布为第三期县级重点文物保护单位，并于 2012 年 6 月申报为市级文保单位。

2003 年，对龙陵日军侵华罪证遗迹进行了维修勘测设计，并树立保护标志说明碑。2004 年建设了龙陵抗战纪念广场、龙陵抗日战争纪念馆，同时对龙陵日军侵华罪证遗迹的部分项目进行了抢救性维修。2004 年制定实施《龙陵县抗日战争文物保护管理规定》，将抗战文物纳入法制化管理，2010 年制定实施《松山战役遗址保护区管理暂行规定》，使松山抗战遗址得到了有效保护。2009 年争取建成世界上唯一一个在原址上展览的"日军慰安妇制度罪行展览馆"并免费开放。2010 年对大垭口至松山主峰 1.3 公里的公路进行改造提升，修筑 6.5 米宽的柏油路一条。2012 年树立了 46 块松山战役阵地标志说明碑，进一步明确了松山战役旧址保护范围。2012 年到 2013 年修建了总长 2878 米的松山战役遗址保护性木栈道，有效避免了到松山景区游览的大量游客对遗址的踩踏破坏，对松山战役核心区主峰子高地遗址起到了很好的保护作用，同时也增强了导览设置，增设了游览指示牌及带中英文对照的讲解说明牌。2013 年 9 月 3 日，总占地面积为 17400 平方米的"中国远征军雕塑群"在松山落成，松山战役旧址知名度与影响力大大提高。

近年来，龙陵把以松山战役遗址为代表的抗战文化保护开发纳入"文旅扬县"战略推进实施，作为旅游文化"三张牌"（抗战文化、温泉养生文化、黄

龙玉文化）的龙头，按照 4A 级景区标准建设游客接待中心、中国远征军纪念馆、滇缅公路纪念馆及纪念牌群、松山客栈等子项目，大力推进龙陵松山抗战文旅特色小镇建设。2017 年以来，松山战役遗址入选全国红色旅游景点景区名录、松山抗战文旅特色小镇建设项目入选 2017 年全国优选旅游项目。5 月，举办了龙陵抗战文化遗产保护研讨会，探讨龙陵抗战遗址遗迹申遗路径，为打造更高层次品牌奠定坚实基础。

2017 年 3 月 12 日，滇西抗战主战场——松山大战遗址纪念园展馆和配套设施建设开工仪式在云南省龙陵县腊勐镇松山脚下举行。包括滇缅公路博物馆、松山战役纪念馆等在内的一批展馆设施正式开工建设。为深入挖掘松山大战遗址价值，龙陵县于 2011 年 6 月启动松山大战遗址纪念园项目建设，计划投资约 10 亿元人民币，分近、中、远期三个阶段，围绕滇西抗战文化园区、中国红色旅游经典景区"两区"，和海峡两岸交流基地、世界反法西斯及中国抗日战争与和平教育基地"两地"的定位目标，打造松山大战遗址纪念园。此次开工建设的纪念园展馆和配套设施项目，主要包括大垭口小镇、老干塘凭吊广场、滇缅公路历史文化长廊、滇缅公路博物馆、松山战役纪念馆和相关配套设施等，计划建设期为 3 年。

三、存在的问题

（一）思想认识不足。一些乡镇、部门对抗战文化的战略价值认识不到位，不能深刻认识到抗战遗址遗迹的重要性，不能深刻认识到抗战遗址遗迹作为承载抗战文化的重要物化载体，是不能再生的珍贵遗产和文化资源，具有深厚的文化内涵和宝贵的历史价值，面对大量流失损毁的现实，听之任之，或持等待态度，重经济、轻文物保护管理现象普遍存在。

（二）保护管理不到位。一是抗战遗址遗迹的保护，乡（镇）、村级既没有专职机构和人员编制，也没有投入资金对其进行保护，抗战遗址遗迹的保护还处于各自为战的被动局面。如龙陵白塔日军司令部、第 11 集团军指挥部（龙新乡廖家寨文化大院）等。二是乡镇列入国家、省、市、县级保护目录的抗战遗址遗迹相对较少，没有树立文物保护标志碑进行保护，好多痕迹经过多年雨水冲刷、人为破坏或牛马踩踏，损毁严重。三是抗战遗址遗迹分布在全县多个乡镇，点多面广，有的处于偏远山区，交通不便，管理难度较大，同时受自然损毁、树木生长等因素影响，全县抗战遗址遗迹损毁较严重，部分遗址只留下了较浅的战壕、战坑痕迹。

（三）利用价值不凸显。一是底数不清，抗战资源整合不到位，对抗战遗址遗迹资源的保护、挖掘、开发、利用没有一个统一规划，现有的资源优势和潜力尚未充分发挥出来。二是抗战遗址遗迹保护和利用，没有纳入政府旅游产业发展规划，不能很好地发挥效益。三是基础设施滞后。如：以松山为核心的抗战文化已经成为市县着力打造的品牌，但是，目前全乡还没有一家上档次的餐厅，没有农家旅馆餐馆，没有星级宾馆，接待能力及服务旅游的能力还较为薄弱，现有的硬件设施根本无法满足人们日益增长的需求。

（四）资金严重短缺。一是缺乏保护资金。抗战遗址遗迹保护利用，从普查到资料挖掘整理，从规划保护到抢救利用，都需要资金做支撑。据调查，除国保文物单位不定期有少量维护经费外，省保、市保、县保抗战遗址遗迹保护经费基本没有纳入各级财政预算。虽然对一些遗址遗迹进行了认定挂牌，但由于经费缺乏，使保护流于形式，没有实施有效保护，如白塔日军司令部等。有的抗战遗址遗迹房屋被拆迁，阵地遗址被农民耕种，全部失去了原来的模样，恢复和保护工作很难进行，更谈不上开发利用，如第11集团军野战医院及渡口等。二是缺乏相应工作经费。收集整理编纂史料难度大，资料缺失。文物征集不及时，流失现象突出。许多抗战文物散落民间，得不到有效保护和利用，有的甚至被邻近地方收走。全县抗战纪念场馆的展示大多是图片多、文物少，缺乏历史厚重感。

（五）宣传推介乏力。一是受融资不足、专业人员缺失、基础设施滞后等诸因素的影响，龙陵抗战文化还不能全方位、多角度地通过各种渠道以不同的表现形式向海内外强力推介。二是缺乏高品质的影视剧及纪录宣传片等文艺作品反映龙陵抗战文化，也非常缺乏知名主流媒体持续宣传推介，导致龙陵抗战文化及松山战役知名度和影响力不大。三是对抗战遗址遗迹保护和利用的宣传力度不够，没有形成全社会参与的氛围，干部群众保护意识淡薄，对抗战遗址遗迹不甚了解，无保护的思想和行为上的自觉性。四是缺乏专业的人才队伍。如：专业的导游讲解人员、商品包装营销人员、对外宣传推介团队或人员、专业的遗址保护人员等等。分工不同的各类专业人员的缺失，已经成为制约迅速打造抗战文化品牌进程的重要因素。

"松山"是独特的云南滇西抗战文化品牌，具有丰富的历史人文内涵，开发利用价值高，市场前景好，预期收益好。进一步保护和开发松山是抗战遗址保护的需要，是进行爱国主义教育的需要，同时也是满足松山旅游日益增长的接待需要。打造"松山抗战文化"，对于弘扬滇西抗战精神，扩大龙陵、保山乃至云南的知名度和影响力，具有重大的现实意义和深远的历史意义。龙陵县委、县政府多次组织全国二战历史研究专家对松山的保护开发进行专题研究讨论，并计划依托一山（松山）、一路（滇缅公路）、一桥（惠通桥）、一江（怒江）和一城（龙陵）这五个元素，以松山为重点，辐射董家沟慰安所、抗战纪念广场等其他抗战遗址遗迹点和参观点，并始终坚持保护为主、科学开发的原则，规划建设松山大战遗址公园。

四、弘扬抗战精神与高校思想政治理论课教育教学

抗战精神是全国各族人民尤其是中国共产党人在抗日战争过程中，进一步提升和凝练伟大的中华民族精神所形成的一种新的文明成果。正如国家主席习近平所说："伟大的抗战精神，是中国人民弥足珍贵的精神财富，永远是激励中国人民克服一切艰难险阻、为实现中华民族伟大复兴而奋斗的强大精神动力。"当今时代，在高校中弘扬抗战精神，具有重要的现实意义。当前阶段在高校广大青年学生中大力弘扬抗战精神，是高校实施素质教育的重要抓手，具有重大现实意义；在高校中弘扬抗战精神，是一个系统工程，需要从多个方面开展工作。

在高校中弘扬抗战精神，既需要发挥思想政治教育主课堂的作用，又需要发挥大学生社会实践等活动的作用。

（一）教书育人：创新教学方法，强化思想政治理论课课堂的主渠道作用

高校思想政治理论课是对在校大学生进行思想政治教育的重要平台，承担着向大学生输送政治营养的重要职责。因此，弘扬抗战精神，必须发挥思想政治理论课课堂的主渠道作用，抗战精神教育应该成为课堂教学的重要内容。相较于长征精神、延安精神、西柏坡精神，当代大学生对于抗战精神的认知和了

解明显偏少，这与抗战精神教育课时有限且多为描述性介绍密切相关。因此，高校应该从课堂教学入手，使抗战精神真正融入思想政治理论课的教学中去。

抗战史是中国人民和中华民族坚持不懈的奋斗史、发展史，对抗战精神的理解离不开抗战史的传播。鉴于很多大学生对基本的抗战史实都知之甚少，在《中国近现代史纲要》这门课程的教学过程中，应将"中华民族的抗日战争"作为重点进行全面系统的讲解，尤其是要深入阐释中国人民抗日战争的伟大意义。要着力介绍抗战将领的事迹，突出他们身上所体现出的崇高品质，以鲜活生动的方式呈现出来，使得大学生在学习抗战历史文化知识的同时，又主动接受抗战精神的熏陶，自觉提高抗战精神方面的修养。在学习抗战史的时候，首先要注意以问题为导向，与解决当代大学生的思想问题结合起来，贴近学生实际，或汲取应用，或引以为戒。其次，通过将抗战史与地方史的教育结合起来，达到更加深入、全面了解历史的目的。最后，注意用历史使命来创新抗战精神教育的内容，增强教育的时代感和实效性。其他几门思想政治理论课也要结合自身的教学内容和特点，将抗战精神融于课堂教学中，不断提高大学生对抗战精神的理性认识，实现大学生抗战精神教育的全员化和全程化。

（二）实践育人：知行合一，让学生在社会实践中接受教育

抗战精神不仅是需要内在认同的静止的精神理念，更是需要自觉实践的价值准则。对抗战精神最好的传承莫过于把抗战情感和其中蕴含的爱国思想转化为现实生活中踏踏实实的爱国行动。实现大学生对抗战精神的认同，不能只讲理论修养，要与大学生的实际生活相结合，引导他们走进实践，通过社会实践磨炼意志，培养优秀品格。首先，依托档案馆和博物馆进行抗战史迹考察，以史育人；充分利用抗战纪念馆、抗战旧址等生动教材，精心设计学习主题，有计划地进行情景教学和现场教学。通过场馆参观、田野考察、抗战人物专访等方式，强化学生对抗战历史和抗战精神的直观认识和了解。通过组织学生开展专题讨论，进而使其准确把握抗战精神的实质内涵，实现对抗战精神从感性认识到理性认识的升华。

其次，高校可以利用课程实践教学、假期主题社会实践和暑期"三下乡"志愿活动等来培养学生的抗战精神。通过考察实践帮助学生树立正确的价值观，培养勤俭节约、艰苦奋斗的抗战精神品质；在志愿者活动中，引导大学生运用

自身知识和技能为社会提供服务，解决问题，从而加深对抗战精神中奉献精神的理解和认识；在社会调查过程中，组织和引导学生了解革命先烈的奋斗历程和祖国现代化建设的伟大成就，加深对祖国历史和现状的理解，增强对抗战精神的认同。为了使活动目标更加明确，组织者还可以建立社会实践评估体系，认真做好总结，巩固社会实践的教育效果。

抗战精神是中华儿女在反击日本侵略者的过程中情感、意志、信念、行为的升华和结晶，集中体现了中华民族之为中华民族，时代之为时代的精神特质和灵魂。它是抗战时期重要的精神力量，更需要以积极姿态融入当代大学生思想政治教育中，成为新时期大学生思想政治教育的新动力。在当代大学生的思想政治教育中，抗战精神不能缺席，必须出场，还要不断地出场。各学校应根据自身情况，全方位、多角度地学习抗战精神。

第三节　大理爱国主义教育基地的建设与创新发展

一、大理爱国主义教育基地的基本概况

大理地处西南边陲民族地区和滇西腹地，具有深厚的历史文化底蕴和多元的历史文化生态。近代以来，大理各族人民进行了不屈不挠的反帝反封建斗争，一批批大理籍的先进青年纷纷加入中国共产党，投身于革命斗争实践中，展现出了大理人民的爱国主义精神和历史责任担当，这些都为我们开展爱国主义教育提供宝贵的资源。

近年来，大理州各县市爱国主义教育基地持续建设，将爱国主义、革命历史和民族团结进步教育相结合，不断提升爱国主义教育的实效性，爱国主义教育基地建设与发展取得显著成效。

截至目前，大理有27处较具有代表性的爱国主义教育基地（表1），基本形成了层次分明、门类较全、民族特色鲜明、点状分布的发展格局。层次分明是指大理爱国主义教育基地分为国家级、省级、市级和县级四个级别，其中，有2处全国爱国主义教育示范基地，6处省级爱国主义教育基地，4处市级爱国主义教育基地，15处县级爱国主义教育基地。门类较全是指大理爱国主义教育基地既有革命传统教育类，如：周保中将军纪念馆、王复生王德三烈士故居和红色传承教育馆、张伯简纪念馆、红军长征过大理陈列馆等，也有历史文化教育类，如：大理白族自治州博物馆、大理苍山世界地质公园、南诏博物馆等等。民族特色鲜明主要表现为民族特色展览区的设立、少数民族历史人物事迹以及按照"三坊一照壁"白族传统建筑修建的场馆建筑。点状分布是指大理爱国主义教育基地逐渐广布，全州各县市也都已开始挖掘地方红色文化资源和历史资源，建

设起有代表性的爱国主义教育基地（表4-1）。

表4-1　大理爱国主义教育基地情况统计

序号	名称	地区	级别
1	大理白族自治州博物馆	大理市	国家级
2	周保中将军纪念馆	大理市	国家级
3	大理市博物馆（杜文秀元帅府）	大理市	省级
4	大理农村电影历史博物馆 （大理州电影档案馆）	大理市	省级
5	王复生王德三烈士故居	祥云县	省级
6	红军长征过大理陈列馆	宾川县	省级
7	中国工农红军过鹤庆纪念碑	鹤庆县	省级
8	张伯简纪念馆	剑川县	省级
9	华中大学西迁纪念馆	大理市	市级
10	大理苍山世界地质公园	大理市	市级
11	大理州非物质文化遗产博物馆	大理市	市级
12	大理市烈士陵园	大理市	市级
13	铁道兵历史文化陈列馆 （祥云鑫海庄园）	祥云县	县级
14	云南驿二战中印缅战区交通史纪念馆	祥云县	县级
15	王孝达革命烈士故居	祥云县	县级
16	普发兴同志先进事迹陈列室	祥云县	县级
17	乔甸镇海稍新庄红色教育基地	宾川县	县级
18	鹤庆县红色文化陈列馆	鹤庆县	县级
19	赵藩陈列馆	剑川县	县级
20	南诏博物馆	巍山县	县级
21	翁家垴口会议纪念馆	巍山县	县级
22	五台红色文化教育培训基地	弥渡县	县级
23	南山革命烈士纪念园	洱源县	县级
24	施滉烈士事迹陈列馆	洱源县	县级
25	滇西工委金脉根据地事迹陈列馆	漾濞县	县级

续表

序号	名称	地区	级别
26	打戛红色革命历史陈列馆	南涧县	县级
27	云龙红色文化传承教育基地（检槽中学）	云龙县	县级

二、大理爱国主义教育基地建设的成效与主要经验

（一）大理爱国主义教育基地建设的成效

近年来，大理地区各县市爱国主义教育基地持续建设或改造升级，不断提升爱国主义教育、红色传承现场教育实效，切实发挥革命教育知识窗、党性教育实践基地、理想信念教育课堂的作用，取得了较好的成效。

1. 基地建设和改造提升全面推进

大理地区各县市将爱国主义、革命历史和民族团结进步教育相结合，扎实开展各县市基地的建设工作。比如：漾濞县多方筹措资金并整合项目，投资 150 多万元于 2017 年在革命老区漾江镇甘屯村建立了漾濞县重要的红色教育基地——滇西工委金脉根据地事迹陈列馆，向后人展示了金脉根据地革命事迹。弥渡县先后争取各类资金 300 多万元对五台革命根据地进行研究保护和开发，在此基础之上于 2018 年建设了五台红色文化展室、培训室、装备室等设施齐全的五台山红色文化教育培训基地。洱源县为了传承施滉的革命精神，在茈碧湖镇下北门村建设施滉烈士事迹陈列馆。

此外，在推动新一批爱国主义教育基地建设的同时，对一些爱国主义教育基地在原有的基础之上进行改造提升以及重建修缮工作。比如：为了更好发挥爱国主义教育基地的作用，传承红色基因，剑川县委于 2018 年对张伯简革命史实陈列室进行了提升改造工作，在剑川古城重新布展建设张伯简纪念馆。而大理市湾桥镇周保中将军纪念馆被中宣部命名为全国爱国主义教育示范基地，现也准备在原有的基础之上提升改造其爱国主义教育以及红色传承教育主题现场。

2. 开展共建活动，社会服务力不断提升

大理地区多数爱国主义教育基地与学校、企事业单位、政府机关签署共建爱国主义教育基地协议，开展共建活动实现相互支持与合作。比如：大理州武

警森林支队以及大理大学、大理护理职业学院等高校在周保中将军纪念馆挂牌，达成合作协议；大理州博物馆与大理州森林消防支队签订了共建协议并挂牌；海哨新庄红军村与高校、云南宾川农村商业银行等企事业单位进行了合作并挂牌。学校、政府机关以及企事业单位人员通过现场的参观体验以及宣传人员的讲解接受了革命传统教育、爱国主义教育以及党性廉政教育，做到了寓教于乐、寓教于游。

大理各县市爱国主义教育基地借助社会力量开展爱国主义教育活动，在充分发挥其爱国主义教育作用的同时，也能够不断提升基地的社会服务力。比如周保中将军纪念馆自初步建成开放至今，由1998年参观者不足1000人发展到如今3万多人次，全国各地各级党团组织、各中小学校、部队官兵都到此进行红色文化传承教育、爱国主义教育以及廉政教育等。王复生、王德三烈士故居自纪念馆展览改造提升工作完成至今，接待人数也在不断地增加，从原来的千人增加到现在的上万人，开放10余年接待游客10余万人次。红军长征过大理陈列馆自2016年建成以来共吸引了3万多名党员群众前来参观学习。

3. 以展品展项为依托，创新基地活动

大理各县市爱国主义教育基地主要是以展品展项和有关实物为依托，运用传统的文物、图片、文字、局部场景复原等形式布置展览。其中，个别建设发展较好的爱国主义教育基地还采用了声、光、电技术来增强展品展项的感染力，从而提升了参观者的观感。比如：王复生、王德三烈士纪念馆以其原故居为依托，参观者在了解了王复生、王德三革命事迹的基础之上，在故居中亲身见证其家庭环境，感受王氏家族的家风家规以及家教。在纪念馆的布展中，采用声、光、电技术展示王德三的《狱中遗书》增强观众的沉浸感，让参观者身临其中，直观地感受到王德三的革命精神和理想信念。红军长征过大理陈列馆在其展览布局中运用局部场景复原《万春堂》《将军第夜话》生动形象地展示出军民鱼水情深。

此外，一些爱国主义教育基地创新基地的活动形式，不再局限于展馆的参观讲解，通过开展一些活动让参观者的亲身体验，让广大群众受到爱国主义和革命传统教育，传承红色文化。以乔甸镇海稍新庄红色教育基地为例，参观者在参观完海哨新庄红军村红色长征纪念馆，了解了红军长征过新庄的历史之后，组织者将前来的参观者编成"红色队伍",重走长征路,中途参观红军长征林;体验红军路,唱红歌;吃红军干粮;听红色故事;讲红军长征精神,最后参观者讲感想,通过重走红军路这样一个活动形式,让参观者亲身体验,深切感受,进一步继承和发扬长征精神。

(二)大理爱国主义教育基地取得成效的历史经验

1. 国家政策和价值导向为基地的发展营造有利氛围

国家政策和价值导向在全国掀起了"红色文化热",为大理地区爱国主义教育基地的建设发展营造了一个有利的社会氛围。党和国家对红色文化资源和教育的重视,指出红色文化是我们党在革命、建设和改革中形成的宝贵精神财富,新时代红色文化能够凝聚中国人民的精神力量,重塑精神价值追求,这就要求全国各地要把红色资源利用好、把红色传统发扬好、把红色基因传承好,这就为大理各县市爱国主义教育基地的发展营造了很好的社会氛围。与此同时,随着红色文化产业的快速发展,它展示出的巨大发展前景,为大理各县市爱国主义教育基地的发展提供了一个很好的发展机遇,这就是大理爱国主义教育基地取得成效的一个原因。

2. 社会力量对基地的支持和帮助

社会各界对大理爱国主义教育基地提供的支持和帮助。主要体现在以下方面:第一,上级政府关心文化事业的社会各界人士以及民间团体组织等对其的资金支持;之后政府又专项拨款来支持大理各县市爱国主义教育基地的建设和提升改造工程。第二,政府聘请了大理州文化遗产、博物馆、党史、建筑设计等相关专家组成专家组指导爱国主义教育基地的建设和提升改造工程。如在周保中将军纪念馆改造提升工程中派出工作组到周保中曾战斗工作生活的地方通过各种方式征集革命文物,搜集历史资料。第三,高校或政府企事业单位与大理爱国主义教育基地的挂牌合作,为其提供发展的平台和机会,从而提升大理爱国主义教育基地的社会影响力。

三、大理爱国主义教育基地的问题与原因

(一)大理爱国主义教育基地建设存在的问题

受历史遗留、政策原因、周边环境、资金投入等因素影响,大理各县市爱

国主义教育基地取得成效的同时，也存在不足之处，主要体现在以下三个方面。

1. 基地出现多头管理现象

爱国主义教育基地由于其特定的属性，有相应的管理部门，也有其相对独立的一面。除了爱国主义教育基地本身属性外，旅游、文化、民政、土地、辖区党委政府等部门单位都会不同程度地参与到基地管理建设当中。这些部门单位各自管理一方，这种"九龙治水"式的多头管理方式，缺乏统筹规划，同质资源不能联动开发，难以形成规模和效果。

目前，大理各县市爱国主义教育基地的管理方式有两种。一种是属地管理，爱国主义教育基地接受所在地党委政府管理。如红军长征过大理陈列馆就由宾川州城镇党政办管理；红色传承教育馆由祥云县委组织部管理，王德三王复生故居由祥云县文旅局下属机构文物管理所管理。一些县级的爱国主义基地，如故居、纪念地类型的，本身就是村（设立的小型展厅、荣誉室就直接归所在地管理）。如：巍山的翁家垴会议纪念馆就由翁家垴村委会管理。另一种是社会企业单位和个人管理。如周保中将军纪念馆是由湾桥镇文化旅游广播电视服务中心管理，海哨新庄红军村和祥云鑫海庄园由于是企业和个人投资建设的，就由其投资的企业和个人管理其爱国主义教育基地。

同时，从管理的方式来看，又分为直接管理和间接管理。直接管理主要是指隶属关系，主要是人、财、物方面的。间接管理主要指非隶属关系，但因为属性或相关的财政拨款，而接受有关方面的管理。这样的结果往往会导致爱国主义教育基地权责不明、管理松散，有利上前、遇事推诿，最终会让爱国主义教育工作出现缺位，甚至会让基地失去发展良机。如周保中将军纪念馆讲解服务由大理旅游集团承接，讲解费归属集团。

2. 人才的匮乏

人才问题是爱国主义教育基地发展建设中的核心问题，在一定程度上，人才队伍关乎爱国主义教育基地的生死存亡。人才问题中最突出的问题就是讲解员的缺乏，且编制外人员是主力。就大理各县市爱国主义教育基地而言，具有编制的讲解人员只有王德三王复生纪念馆、红军长征过大理陈列馆等展馆，就连王德三王复生纪念馆也只有 5 个讲解员，而王德三王复生纪念馆的讲解员表示，5 个讲解员远远满足不了现实需求。其他的一些爱国主义教育基地的讲解员主要来自政府工作人员或委托旅游公司所找的人。

人才问题中最核心的问题是专业人才的匮乏。新时代的爱国主义教育基地建设要求储备各种各样的人才，不再只局限讲解员这个方面。对于一些核心工作，如红色故事的挖掘、文物保护等，尽管基地有好的资源，但是如果没有好的工作队伍，在开展爱国主义教育时就显得不生动、没有内容。展览布局需要展览设计专业人才，文物方面需要文物保护专家，基地宣传需要信息化专业人才。许多场馆不能满足日常使用，年久失修使得形式内容都十分落后。如：周保中将军纪念馆由于缺乏专业的人才队伍，陈列室出现的展板内容有错误，部分展板出现破损，微信扫码语音讲解不能用等问题没有得到及时的解决，甚至文物藏品已经模糊不清都没有及时进行维护和整改。

人才问题中最关键的是管理人员的缺位。从基地整体来看，管理人员同样也是稀缺品。走访调研中发现，爱国主义教育基地的编制数普遍不足，建设发展比较好的如王德三王复生纪念馆也只有 1 个主任、2 个副主任、5 个讲解员。有些看起来就是临时机构；有的爱国主义教育基地需要一岗多职，一个人既是讲解员又是岗位管理者，一些县级的爱国主义教育基地由村干部管理的情况非常普遍，如翁家垭口会议纪念馆几乎全是兼职，这对基地发展是非常不利的。

3. 基础设施普遍薄弱

基础设施薄弱是大理各县市爱国主义教育基地发展面临的普遍困境，主要体现在以下三个方面。第一，规划布局不合理，基本陈列不规范。以周保中将军纪念馆为例，首先，设计规划不合理。整个纪念馆占地面积 20.5 亩，但陈列馆只占 990 平方米，其他占地面积被健身场、篮球场、休息亭以及过多绿化带等占用，这就导致展馆的面积更小，所展览的内容有限。其次，主题内容不突出。整个展馆用五个大小相同的展厅介绍周保中将军个人生平，虽然面面俱到但没有侧重，导致"抗日名将"这一主题不突出。展厅内容之间的联系不紧密，甚至有的展厅内容显得突兀。如最后一个展厅的内容，实际展示的是十九大之后的时事热点，与其所想展示的湾桥在改革开放后发生的变化这一内容大相径庭，与陈列馆的主题也是格格不入的。

第二，内涵挖掘不够，展现形式单调。大理各县市爱国主义教育基地主要依靠展板、视频等传统手段进行静态的红色文化成果的呈现，大部分基地缺少声、光、电等现代科技手段的辅助。此外，还缺乏动态的红色文化活动形式，目前展馆主要依靠讲解员进行红色文化传承讲解，缺少活动体验项目，这就导致受众体验感不强。如周保中将军纪念馆仅仅只停留在生平事迹的展现上，对于周保中将军的思想意识的转变以及革命精神的体现并没有让人体会，这就导致了整个陈列馆就只是周保中将军本人的展示，周保中将军身上深层次的东西没有被挖掘出来。

第三，交通不便，配套设施不足。制约大理爱国主义教育基地发展的重要因素就是交通不便，受历史遗留、周边环境等因素的影响，大理各县市爱国主义教育基地大部分分布在偏远的乡镇上，没有直达的交通工具。一般要通过中巴车转乘公交车后步行才能到达，甚至有些地理位置较偏远的还需要步行很长时间才能到达。此外，不少基地暴露出配套设施不足的状况。如周保中将军纪念馆、张伯简纪念馆等由于场地位置和面积所限，没有停车场能够让私家车或大巴车等停车，更没有食宿设施。

（二）大理爱国主义教育基地存在不足的原因

1. 管理机制和评价机制缺失

目前由于大理爱国主义教育基地尚未形成有效的管理制度，没有切实可行的抓手，以至于让爱国主义教育基地长期处于自我松散管理的状态，导致管理主体不明。爱国主义教育基地从其称号命名范畴来讲，归党委宣传部门管理，但由于其主管部门的多样性，宣传部门除了政策指导，往往没有实质的管理权限。而大部分基地只能听从上级主管部门意见来开展工作，如只专注满足旅游开发的需求、文物保护的需求，从而获得相关条件的拨款。爱国主义教育基地从头到尾就没有一个根本性的制度来让相关部门进行管控，一些审查考核制度形同虚设，不能对基地造成多少影响。

缺乏后续的考核举措，"评上就结束了"是爱国主义教育基地的普遍现象。目前针对爱国主义教育基地的管理考核，填表的居多、实地考核的较少。市级基地仍然没有建立起统一规范，考核尚停留在缺位状态。与此同时，爱国主义教育基地依然没有建立起完备的清退机制，有的基地不符合标准也不会被清退。每年宣传部门主导组织的排查、自查、填表，无论基地有没有问题，往上级部门报上去却没有回应的情况非常常见。基地迫切需求扶持政策，对于管理不善的状况也没有沟通渠道和反馈机制。资源不能共享、信息沟通不畅，导致基地建设发展没有方向。

2. 工作队伍不够健全

爱国主义教育基地属于最基层、最边缘部门单位，工资低、编制少，常常不具备搭建成熟的工作队伍的能力。大理地区除了王德三王复生纪念馆和红军长征过大理纪念馆外，大部分爱国主义教育基地未设专职机构和人员，多数属州设兼职人员。编制的稀缺会造成基地人员偏少，应付性工作居多，难以施展工作人员的才能。工资偏低也会造成编外人员的不稳定，流失换岗的现象屡见不鲜。

此外，由于财力等因素的影响，爱国主义教育基地往往并不能有效地建立起人才队伍，人员结构仅仅保持在日常维护的最低限状态，在应对各项工作中出现顾此失彼的现象。省市级以上的爱国主义教育基地中尚有多个基地员工，但县级基地人员结构缺失情况就很严重，普遍没有配备讲解员、没有研究型人才，靠外请人员来协助工作，有的基地甚至停留在最基本的看管层面。如周保中将军纪念馆，虽然它具有齐全的配套设施，但没有专业的管理团队去发挥这些设施的作用，这些配套设施摆在那里就只起到一个摆设的作用。因为缺乏专业团队的管理，这就导致周保中将军纪念馆没有一个成形的管理条例或办法，一旦基地出现什么问题就得不到及时的解决。

3. 基地后期资金投入缺乏

政府重视程度不够，保护意识不强。虽然前期政府为爱国主义教育基地建设提供人力和财力上的支持和帮助，但也仅仅是在前期的建设上，后续的发展和维护没有得到很好的重视。建设经费匮乏是爱国主义教基地停滞不前的症结所在。一方面由于地方经济制约，资金投入不够。爱国主义教育基地的建设和改造提升工程本身就是一个很大的工程项目，面临着很多所需要解决的现实问题，需要雄厚的资金力量支持，但就大理州的情况来看，这也是一个很难解决的问题。目前，大理州人、财力量主要集中于洱海治理和扶贫工作两个重点任务上，已经没有更多富余的资金力量投入爱国主义教育基地的建设和改造工作中。另一方面是由于爱国主义教育基地免费开放的公益属性，无法产生良好的经济效益，主要都是依靠上级部门的免费开放补助经费，而且免费开放补助经费有规定使用范围，不能用于基础建设、活动建设，只能用于改陈布展。这就导致基地投入不足、资金使用不规范的现象出现。

此外，由于缺乏对爱国主义教育基地的监管，命名授牌后的基地长期保留称号和牌匾，并且还有每年固定的经费，这一机制导致部分基地公共文化服务能力和服务意识缺失，工作人员服务热情懈怠，缺乏积极性。基础建设跟不上时代发展的速度，致使科技含量低，宣传形式老旧，缺少新鲜感，特别是对青少年群体没有吸引力。

4. 基地自身建设不足

大理各县市爱国主义教育基地由于其历史以及社会等原因，没有抓住时代特性、基地属性以及群众需求去设计和规划，以至于存在被动发展的趋势。对于各地红色资源研究不深入，有部分成果就可以，挖掘不够，导致吸引力、感染力较弱。以周保中将军纪念馆为例，对于周保中将军个人思想以及精神品质研究不够。关于周保中将军的学术研究有一定的学术成果，但成果中的历史叙述较多，论述较少，存在大量重复性研究的内容，高质量的研究成果不多。研究整体上也略显不足，专题研究的学术成果较少，这就制约着关于对周保中将军研究的总体水平。当然，导致对周保中将军研究不深入的主要原因还是相关历史文献搜集、整理和研究的不足。

大理各县市爱国主义教育基地缺乏统筹规划与合作。大理各县市的爱国主义教育基地呈现点状发展的状态，缺乏一个资源整合机构对呈点状分布的爱国主义教育基地以及自然和人文旅游资源进行整合，实现大理自然和人文旅游助推红色旅游发展。以周保中将军纪念馆为例，其目前处于一个点状独立发展状态，主要体现在既不与大理州其他各地的爱国主义教育基地交流学习，也不与周边的旅游景点合作共赢发展。周保中将军纪念馆具有时代热点性这样的优势，但其缺少与其他各地爱国主义教育基地合作交流学习以此来提升其宣教水平的主动性，所呈现出的宣教能力乃至教育效果相比祥云王复生王德三纪念馆有一定的差距。除此之外，其社会服务水平乃至公众影响力还是不够，目前纪念馆还只是集中接待党政机关企事业单位、大中小院校等团体单位，其缺少与喜洲古镇、古生村等周边旅游景点的合作发展，经济价值没有得到有效的发挥。

四、大理爱国主义教育基地创新发展的路径与对策

（一）大理爱国主义教育基地建设创新机制

1. 建立健全基地管理考核机制

政府应推动构建爱国主义教育基地的管理考核机制，从而加大政府在爱国主义教育基地建设与发展方面的作用，达到规范、科学、高效地管理爱国主义教育基地的建设与发展。首先，必须针对大理各县市爱国主义教育基地建设情况制定出台相应的管理办法或条例，从而对大理各县市爱国主义教育基地的指导思想、基本原则、申报要求、管理考评等等进行明确的规定，从而确保有据可依、有理可循。其次，成立大理州爱国主义教育基地专项工作小组，可由宣传部、教育局、文化局、文明办、团委等单位组成，统筹协调调度，对大理各县市的爱国主义教育基地进行垂直管理。最后，加强对基地的考核管理。对各县市的爱国主义教育基地进行考核，对照标准梳理排查爱国主义教育基地基本陈列、仪式设施、制度规范等，进而规范爱国主义教育基地日常管理建设工作。如有考核不合格的基地责令其限期整改，无法完成整改等情况则报送对应的主管部门取消其称号。

2. 完善爱国主义教育基地共建合作机制

学校教育是爱国主义教育的主阵地，大理州大部分爱国主义教育基地都特别重视与高校签订相应的合作协议，从而有计划、有方向地开展教育合作。结合重大历史事件和重要历史人物纪念活动，精心设计活动内容和载体，运用展览展演、论坛讲座、参观走访、党团队日、读书征文、知识竞赛等形式，广泛开展具有爱国主义教育意义的纪念活动，从而增强爱国主义教育基地的辐射力和影响力。此外，可以与其他文化形态的教育基地共建共享共融，针对不同的教育对象开展生态文明教育、优秀传统文化教育、国防安全教育以及廉政警示教育等等，与政府机关、企事业单位、城乡社区、驻地部队等扩宽合作渠道，使爱国主义教育基地成为"高校思政课实践基地""干部教育培训基地"以及"国防教育基地"等，从而扩大基地的社会效益。

3. 建立爱国主义教育基地组织协调机构

建立爱国主义教育基地组织协调机构，整合本地区的红色文化资源，提供

红色文化交流沟通的平台。一方面，整合大理州乡镇之间的红色文化资源，整合大理州各地的红色文化资源、人文历史资源和自然环境资源，打造旅游精品路线，将红色文化与自然风光、人文历史景观相结合，对于共有的红色主题或资源，要挖掘地域性特点，突出地方特色，尽量避免重复同构。另一方面，考量大理州各地独特的资源、人文历史、经济社会发展形势，总结、整合、提炼，突出其独特的内涵和价值，综合利用各种现有资源，建立整个大理州红色文化交流沟通的平台，积极对接大理州各地区的红色文化资源，使整个大理州的红色文化资源联系更加紧密，形成整个大理州"一盘棋"的局面。

（二）大理爱国主义教育基地建设对策

1. 加大经费投入保障

免费开放后，很多基地面临着资金短缺、设施陈旧、工作人员积极性低等难题。政府部门应加大对重点项目、重点工作的扶植力度，提供优质的公共文化产品。与此同时，基地也需要转换发展思路，扩大爱国主义教育基地经费来源，尝试和探索采取市场化的方式多渠道筹措资金，吸纳社会资金，如引入第三方或者拉赞助等方式来缓解资金问题，整合一切社会资源共同打破制约基地发展建设的资金瓶颈，形成多渠道的投资模式。此外，还可以多开发如红色旅游、红色文创产品以及红色培训基地等内容，与多个部门单位合作，不断探索寻找合作机制。

2. 完善基础设施建设

完善基础设施建设是提高基地服务质量、保障基地功能发挥的必要条件。为此，大理各县市爱国主义教育基地既要抓好内部建设，也要完善外部建设。就内部建设而言，既要保持内部环境整洁有序，也要保证陈列布局合理，避免出现不协调的元素，从而影响教育作用的发挥。还要不断完善停车场、志愿服务台等服务设施，必要时还要设置清晰的指示牌和导航路线。就外部建设而言，做好周边环境的优化，结合基地性质和外部环境特点打造美丽的周边环境，实现基地基础设施建设和周边环境和谐统一，从而提升基地的服务质量，可以借鉴王德三王复生纪念馆的周边环境的规划设计。此外，还要解决制约基地发展的交通问题，可以借鉴宾川海哨新庄红军村的做法，即与交通公司合作，开设直达的公交或者大巴专线。

3. 丰富基地的教育内容与形式

深入挖掘基地文化内涵，提升基地的文化软实力。各县市爱国主义教育基地一方面要继续向外征集文物藏品和历史资料；另一方面要深入透彻地分析和研究现有的历史资料和展品展项，挖掘基地所蕴含的精神内涵。力求顺应发展大势，符合发展方向，在体现出爱国主义教育基地所承载的革命历史、革命事迹和革命精神内涵的同时，突出时代精神和地方特色。为此，基地可以与研究协会、专家学者合作或参加一些学术会议，从学术角度解读基地内涵。其次，丰富基地展陈方式，增强展览的新颖性。基地不仅要定期升级改造基地展陈设置，及时替换淘汰陈旧设施和严重破损的展品。还可以在资金较充裕的情况下适当地加入一些科技元素，如声、光、电等现代化技术，VR、AR 等体验式、互动式体验等，通过智能化高科技的手段体验基地的文化内涵，不仅能增强展览的趣味性，增强观众的学习兴趣，还能调动观众参与的积极性，以达到良好的教育效果。

4. 加强专业人才队伍建设

基地应积极引进专业人才，主要是引进管理人才和讲解人员，从而提升其服务质量。在管理人才方面，政府应该设立爱国主义教育基地的专门管理团队，充分利用好纪念馆中的办公场地，制定出一套切实可行的纪念馆管理条例，进行常规化的办公和管理。在专业的讲解人才配备方面，应该配备一至两名专职讲解员，对来访人员进行专业的讲解；同时可以与大理地区的高校合作，鼓励高校学生到纪念馆作为志愿者或者兼职讲解员，在锻炼学生能力的同时，既发挥了爱国主义教育基地的教育作用，又解决了纪念馆人员不足的难题。纪念馆应该多与同行学习交流，定期对纪念馆的工作人员进行培训和考查，吸收借鉴同行中做得比较好的爱国主义教育基地的先进经验，用以发展自身。

第四节　大理州红色文化传承与弘扬研究

　　党的十九大报告指出，文化自信是一个国家、一个民族发展中更基本、更深沉、更持久的力量。必须坚持马克思主义，牢固树立共产主义远大理想和中国特色社会主义共同理想，培育和践行社会主义核心价值观，不断增强意识形态领域主导权和话语权，推动中华优秀传统文化创造性转化、创新性发展，继承革命文化，发展社会主义先进文化，不忘本来、吸收外来、面向未来，更好构筑中国精神、中国价值、中国力量，为人民提供精神指引。红色文化是中国特色社会主义文化不可分割的重要组成部分，地处西南边陲的大理白族自治州有光荣的革命传统，红色文化分布广泛，底蕴深厚，在保护中开发利用好地方红色文化资源，传承和弘扬大理州红色文化，对塑造新时代大理新形象、加快大理州经济社会发展、实现区域文化良性发展有着十分重要的意义。红色文化是大理地区较有优势的特色文化资源，在国家推动实施"一带一路"建设的背景下，深入挖掘大理地区红色资源的时代价值，开辟红色文化传承的新路径，具有重要意义和价值。

一、大理州红色文化资源的遗存与保护现状

　　长期的革命斗争在大理州留下了党史遗址 195 个，抗战遗址 38 个。新中国成立以来，尤其是近年来，在各级党史部门积极、主动地发起呼吁、联系、筹划下，陆续保护和修复使用了一批重要革命遗址，并作为文保单位保存下来，开辟为爱国主义教育基地供人参观，它还与附近的绿色、人文景观连接起来，开辟出红色旅游线。

目前，全州已经修复并布展有周保中故居、王复生 王德三故居、尹宜公故居、剑川景风公园革命烈士纪念碑、红二军团祥云城钟鼓楼战斗遗址、红二、六军团南薰桥战斗遗址、中国人民解放军第十四军暨滇桂黔纵队第七支队烈士纪念碑、中国工农红军长征过鹤庆纪念碑公园等 30 余处。由民间集资修复"剑川人民自卫团整编扩军遗址"已完工，并新建了"剑川县西湖人民革命纪念碑"。在修复并布展的基础上，还加强相关开发工作，让这些重要革命旧址、纪念设施，在党史教育和红色旅游等方面发挥作用，让红色历史"动"了起来。

王复生 王德三故居、周保中故居是大理州重要的红色文化遗产，近几年，大理州对其进行全面修缮和布展，将原来老式的展陈内容改用高清晰度的照片写真，使故居功能设置更加齐全，整体布局更加完整、合理；配备专职管理勤务人员，使故居的管理更加规范，宣传、教育讲解工作和接待服务工作更加周到。经过全面修缮和布展后，来周保中故居、王复生 王德三故居参观学习的人络绎不绝。仅在党员"两学一做"活动和建党九十五年周年纪念活动中，周保中故居、王复生 王德三故居登记在册的参观人数就达十多万人次。

同时，剑川景风公园革命烈士纪念碑、红二军团祥云城钟鼓楼战斗遗址、红二、六军团南薰桥战斗遗址、中国人民解放军第十四军暨滇桂黔纵队第七支队烈士纪念碑、中国工农红军长征过鹤庆纪念碑公园、宾川县烈士陵园、尹宜公故居、二战中印缅战区交通史纪念馆等纪念设施 28 处，经过整修，也都成了"香饽饽"，参观学习者不断增加。据不完全统计，近年来，这些革命旧址、纪念设施已经接待了数十万群众参观学习和瞻仰。

2011 年，大理州科学制定了革命遗址保护开发建设规划，建立了革命遗址政府专项保护制度，并每年安排 100 万元资金用于革命遗址的保护和开发工作，有效整合党史、宣传、文物管理、民政、城建、旅游等各部门的管理职能，采取政府财政投入、企业单位和个人捐助等多方筹集资金，对革命遗址（旧址）进行修复、修建，使全州革命遗址保护利用工作有了大的起色。对一时难以修复的 132 个遗址年内设立醒目标志碑。进一步做好规划、开发、推介和服务，努力打造精品，发挥好红色旅游的社会效益和经济效益。把革命遗址遗迹保护开发作为发展红色旅游、建设文化强州、促进革命老区经济社会发展、改善人民群众生产生活的富民工程。

二、大理州红色文化传承的模式之一：红色传承教育——周保中将军纪念馆

周保中将军是我国著名的抗日将领和民族英雄，曾担任过中共满洲省委军委书记、东北抗日联军第二路军总指挥、吉林省政府主席、云南省政府副主席等重要职务，1949 年毛泽东曾称赞周保中"东北 14 年，写下了可歌可泣的诗篇"，为中国抗日战争的胜利和中华民族的解放事业做出了巨大贡献，被誉为"白子将军"，1955 年被授予一级"八一"勋章，一级"独立自由勋章"和一级"解放勋章"。近年来，大理市把周保中纪念馆建设工作融入创建全国文明城市、中心集镇建设等工作全过程，统筹安排，科学谋划，投入人、财、物对周保中纪念馆不断改造提升，使周保中将军纪念馆的爱国主义教育、红色传承现场教育主题得到不断凸显和提升，切实发挥了革命教育知识窗、党性教育实践地、理想信念教育课堂的作用。

为缅怀周保中将军的丰功伟绩，集中展示他的英雄事迹，大理市先后三次投入 400 余万元改造提升周保中将军纪念馆，将陈列内容分为五个篇章进行展览；展厅总面积从 118 平方米增加到 218 平方米，布展的图片和实物大幅增加。五个展厅，通过历史图片、文字史料、遗存实物，系统、真实再现周保中将军在靖国护法、北伐战争、东北抗战、社会主义建设等各个历史时期的情况，通过以"以小见大"的方式教育引导党员干部，学习周保中将军为党的事业无私奉献、百折不挠的革命意志，体会周保中将军身上的爱国主义精神和崇高的民族气节，让广大党员干部深刻理解在改革开放、加快发展的今天，应当保持一辈子为党工作、为民奉献，始终坚持锲而不舍、奋发向上、敢闯敢试的精气神。纪念馆自建成以来，各级党团组织、学校师生、部队官兵和外地游客纷纷前来举行瞻仰活动，累计接待 50 多万人次，充分发挥了爱国主义教育基地和革命传统教育基地的重要作用，成为广大党员干部进一步树牢宗旨意识、坚定理想信念的"加油站"。

同时，把基地作为党性教育的重要场所，并结合五一、五四、七一、十一等节日，组织党员干部到纪念馆开展入党宣誓、重温入党誓词、"祭先烈""党在我心中"等主题活动，引导党员干部通过实地参观、感受学习，激励党员干

部，不管在任何时候、在任何情况下，都不忘自己对党作出的庄严承诺，无论在顺境还是逆境中，都要按照入党誓词，永葆共产党员本色，坚定共产主义理想信念，始终牢记入党誓言，在自己的平凡岗位上充分发挥模范带头作用，力争做出不平凡的业绩，做一个不负人民、不负党组织，对社会有所作为的人。仅 2014 年就有 23000 余人次以在周保中纪念馆将军塑像前宣誓、重温入党誓词、敬献花篮、聆听和观看将军革命事迹等不同形式接受教育。

目前，周保中纪念馆已成为大理地区及云南省各级党政机关、学校、企事业单位进行爱国主义教育和红色传承现场教学的首选活动基地，已初步形成集旅游、观光、文化为一体的格局，为地方的社会发展、经济建设、文化繁荣发挥着积极作用。

三、大理州红色文化传承的模式之二：红色文化旅游助推精准扶贫——宾川乔甸新庄红军长征纪念馆

大理州乔甸镇海稍村委会是宾川县 23 个建档立卡贫困村之一，新庄村是海稍村委会所辖的一个自然村，全村 57 户 242 人，其中建档立卡贫困户 9 户 20 人，共有党员 16 名。新庄村山清水秀、民风淳朴，还具有当年红二、六军团长征时途经新庄的革命历史。

宾川县乔甸镇新庄村是 1936 年红二、六军团 4 月 20 日进入宾川县驻扎的第一村。在村党支部带领下，宾川县红色海稍农业观光旅游开发有限公司以"党支部+公司+农户"的方式，着力打造现代农业与红色旅游示范村，助推村民脱贫致富。该公司以村民入股的方式，每股 1000 元，每户最高不超过 30 万元入股，并吸纳了村委会 100 户贫困户，贫困户每户入股 3800 元，共入股 150 万元，收益按股金的 8% 进行分配。公司突出红色文化"正气"，以宾川近年来主导产业葡萄园"绿气"，依托海稍鱼的"名气"、依山傍水的"灵气"、民风淳朴民族团结的"和气"，走出了一条"以文促旅、以旅兴农、农旅文融合"的农业产业发展新路。自 2016 年 4 月 21 日成立以来，共接待革命传统教育人数 44000 多人，实现旅游收入 44 万元。

一个两百多人的自然村，居然有两百名以上的群众身着红军服。80 年前，红军长征经过这里并在此休整一晚，不仅留下了秋毫无犯的严明纪律和传颂多

年的军民鱼水情，更为这里的村民留下了取之不尽用之不竭的长征精神。

　　走进宾川县乔甸镇海稍村的新庄（自然村），当地颇具风格的白族民居外墙上面依稀有"我要当红军"宣传标语，村巷内不时走来身穿红军服的村民，路边的音响飘出长征组歌等红色歌曲，让每个进村参观的人恍如回到烽火连天的岁月。村党支部书记杨发明说，村民们要在长征精神引领下，走出一条红色旅游致富新路子，吹响新长征路上胜利号角。

　　云南省是红军长征经过的重要省区之一，红一方面军和红二、六军团长征都经过云南。红军主力之一的红六军团就从新庄村经过，并在短时间内与当地各族人民结下了鱼水深情，这个小村庄有四人参加了红军。1936 年 4 月 21 日，新庄成为红六军团进入宾川的第一村。那年，萧克、王震曾经带领部队经过宾川，经过激烈的战斗攻克宾川县城，并在新庄休整一晚。新庄村的红军博物馆所在的位置就是当年部队休整的地方。该馆于 2016 年 4 月 21 号正式开馆，就是为了纪念红军长征经过新庄 80 周年。博物馆分为两部分，一是图片展览室——室内可以完整地了解红二、六军团长征经过云南时的路线图和红六军团长征过海稍的路线图；二是红六军团当年的临时指挥部，博物馆复原了当年红军战士宿舍、宣传标语场景，又将枪炮、铺盖行李、电台等红军物品展出。博物馆还向参观者提供红军服出租以及重走红军长征路活动项目。

　　宾川县乔甸镇镇长自汝滔介绍，海稍新庄村村民过去主要依靠粮食、烤烟和经济林果种植，偶有畜牧养殖及海稍鱼经营。该村确定发展红色旅游以来，把传统种植业、传统海稍鱼经营与红色旅游相结合，青山绿水七分灵气，红色文化一派正气，各族村民（汉族、白族、彝族等）一团和气，脱贫攻坚路上一鼓作气，成就旅游搭台、文化唱戏、农业增收融合发展十分美气。村党支部书记杨发明说，新庄村红色旅游业发展刚刚起步已经带来收益，建设过程为村里的 5 户低保户提供了工作岗位，已经有 3 户贫困户在家门口顺利脱贫，15 名村民在旅游公司解决了就业难题。村里的红军博物馆自今年 4 月 21 日开馆以来，保守估计已经为当地村民带来超过 20 万元收入。偶有外来游客问起，村民穿着红军服会不会觉得突兀？杨发明说，发展红色旅游以来，村庄变得更加美丽了，村民收入增加了，各族人民关系更融洽了。新庄村村民穿着红军服，走在脱贫致富的新长征路上，除了高兴就剩下自豪了。

在"两学一做"学习教育中，新庄村党支部坚持学做结合，注重把"两学一做"学习教育成果转化为促进脱贫攻坚的理念和行动，团结带领全村党员群众以红色教育和传承红色文化为抓手，坚持"旅游搭台、文化唱戏、农户增收"思路，以红色文化、农耕文化、民族民俗文化为一体，打造现代农业与红色旅游示范村，走出"以文促旅、以旅兴农、农旅文融合"① 发展的一条精准扶贫、脱贫致富的新路子。

凸显"党"的引领，发挥"企"的作用。村党支部在"两学一做"中，结合红军长征过新庄的革命历史，以继承和发扬红军长征精神、传承红色文化、带动全村农户脱贫致富为宗旨，采取"党支部+企业+农户+扶贫"合作模式，成立宾川县红色海稍农业观光旅游开发公司②，并及时组建了公司党支部。以村党支部牵头，引导全体党员带头入股公司，参与公司经营管理，示范带动全村贫困户入股公司经营，发展党员带富新"路子"，发挥基层党组织战斗堡垒和基层党员在脱贫攻坚中的排头兵、"主心骨"作用，以公司为"领头雁"全面展开"大农旅、大扶贫"战略。自今年 4 月 21 日新庄红军长征纪念馆开馆以来，共接待各地游客 2 万余人次，实现旅游收入 40 余万元。100 户建档立卡贫困户成了公司的小股东，5 户低保户成了"上班族"，助推了贫困户脱贫、村民致富目标的实现。

依靠"农"的优势，做足"旅"的文章。在学的基础上，村党支部以"农"为"景"，把现代农业观光园与旅游景观打造相结合，以绿色景观的概念发展农业、旅游的理念经营农业，打造现代农业与红色旅游示范村。通过资源整合、产品创新、产业集聚等方式，建成千米葡萄长廊，同时，种植油橄榄、滇橄榄 1000 亩，实现从传统农业向现代农业、景观农业发展。在海稍水库建设400 多亩的"海草花海"景观，并开发水上游乐项目；制定《宾川县乔甸镇海稍村旅游总体规划及部分区域详细策划》；积极整合扶贫、新农村、移民后扶、活动室建设等项目资金，突出和尊重"本色、朴素、生态"，打造现代农业、红色文化与乡村旅游一体化发展的产业融合示范村。全村党员干部通过实实在在

---

① 杨秀萍. 品乔甸新庄红色文化［J］. 大理文化，2018（12）.

② 辛向东. 宾川新庄村：群众依托红色旅游奔富路［N］. 大理日报，2019-07-30.

的做，发展壮大乡村旅游，不断增加贫困群众的收入。

挖掘"文"的资源，促进"农旅文"融合发展。村党支部还结合农耕文化、民族民俗文化、历史文化等优势，建成了全省第一个展示农耕文化、民族民俗文化为一体的对外开放的、村民自建的农民博物馆。农民博物馆里收藏的都是当地农业生产生活中常用的工具，常见的水磨、犁、筹以及独具当地特色的水车、舀水、马灯、纺车等等。70岁的村民杨应科说，他们全家都在外面做生意，祖宅逐渐凋零，有一年回乡祭祖，大家觉得应该把祖宅整修起来，再加上看到家乡的年轻人对传统生产生活工具认识越来越少，一合计，就决定开设了农民博物馆，收集这些"老家什"，免费对外开放。农民博物馆的建设，不仅丰富了农耕文化的内涵、记住了乡愁，还提升了乡村旅游的品质。新庄村是全州"两学一做"助推精准脱贫的一个缩影，村党支部和党员干部在"学"与"做"中的点滴，温暖到贫困户的心坎上，体现于整洁的村间巷道里，回荡在群众的欢声笑语中。

四、大理州红色文化传承的"样板"：典型示范与辐射推广——祥云红色传承基地

祥云红色传承基地是由省委组织部、省委党校统一命名的四个云南省干部教育培训现场教学基地之一，教学基地于2012年正式挂牌，主要由王德三、王复生烈士故居和普发兴先进事迹陈列室两个教学点构成。

祥云红色传承现场教学基地被命名为省、州、县党员干部党性教育基地及祥云县党员干部勤廉教育基地，建成以来，共接待了来自县内外的党员干部近20万人，成为广大党员干部接受勤廉教育、加强党性锻炼的重要场所，以及广大群众培养廉洁意识、弘扬清风正气的重要阵地。成立以"传播马列主义、唱响中国特色、弘扬革命传统、践行祥云精神"为主旨的祥云播火先锋宣讲团，采用群众喜闻乐见、易于接受的方式方法，及时深入广泛地将十八届三中、四中、五中、六中全会、省党代会和党的十九大等上级重要会议精神及祥云革命历史和红色文化向基层党员群众进行宣传，扩大红色文化的影响力。建立祥云县反腐倡廉警示教育中心，在阳光厅展示王复生、王德三、普发兴等祥云先进人物事迹，用身边的楷模教育领导干部，教育他们传承革命先烈的优良传统和

作风，树立正确的世界观、人生观、价值观，筑牢防腐拒变的坚固防线。

（一）充分利用红色文化资源加强党员干部党性党风党纪教育

祥云县历史悠久，文化灿烂，人杰地灵，拥有丰富的红色资源，既是革命先驱王复生、王德三、王孝达三英烈的故乡，又是红军万里长征经过和战斗过的地方、中国人民解放军滇桂黔边区纵队第八支队的诞生地、指挥中心和重要作战区，新时期又涌现出了"全国优秀村官"普发兴这样享誉全省全国的先进典型，红色文化的遗址和景区景点星罗棋布。近年来，祥云县依托县内丰富厚重的红色文化资源，把红色文化作为各级党政机关进行党性党风党纪教育的重要途径，收到较好的效果。

发展红色旅游，打造党性党风党纪教育阵地。投资 1193 万元，改造祥云"红色传承"教学基地。对烈士故居进行修缮，新建红色传承教育馆，改造普发兴先进事迹陈列室，同时，对王德三、王复生烈士故居所在地的环境进行绿化、美化和亮化并绘制以"红色文化"为主题的墙体彩绘。依托云南驿独特的历史文化资源，在云南驿维修改造了马帮文化博物馆和二战中印缅交通史纪念馆。修建边纵八支队纪念碑暨李鉴洲普兆三陵墓，新建中国人民解放军滇桂黔边纵队第八支队和祥云人民武装斗争事迹纪念馆。修缮王孝达烈士故居、红二军团指挥部等革命遗址。形成王复生、王德三烈士故居、全国优秀村官普发兴先进事迹陈列室、将军第、边纵八支队遗址等红色文化景点，通过发展红色旅游做大做好红色文化这篇大文章，为党员干部打造了全方位的党性党风党纪教育阵地。

铸造红色经典，唱响党性党风党纪教育主旋律。通过电影《村官普发兴》的拍摄放映，使普发兴廉洁奉公、勤俭节约的精神深入人心。拍摄制作了《火炬不熄》《全国优秀村官普发兴》等多部教学宣传片，全方位再现了王德三、王复生烈士和普发兴同志的奋斗历程和感人事迹，让观看的党员群众身临其境地感知、感受红色精神。先后编印《祥云三英烈》《红军长征过祥云》《革命先驱赵适然》《滇西游击队之鹰》《风雨征程录》《彩云飞扬》《红色记忆》等书籍，创办《红色祥云》《传承》期刊，编辑出版《革命老区——祥云》画册，从不同角度展示祥云的革命历史和革命先辈精神风采。通过铸造红色"人物"、红色"经典"，展现了红色文化的无穷魅力，引领了党性党风党纪教育的主旋律。

培育红色情结，搭建党性党风党纪教育平台。举办以反映王复生、王德三烈士的生平事迹、成长经历、历史功绩和崇高精神为主题的"王复生王德三烈士故居和红色传承教育馆楹联"征集活动。每年七一建党节组织"红色祥云"文艺演出。各机关企事业单位积极组织开展重走红军长征路活动。每年清明节组织群众、学生到烈士陵园缅怀，向革命烈士敬献花圈、行鞠躬礼，瞻仰革命烈士纪念碑，深切缅怀革命先烈们的丰功伟绩，表达对革命先烈的诚挚敬意和深深怀念。通过组织丰富多样的活动，使革命先烈坚守信念、无私奉献、廉洁自律的精神深入人心，搭建了党性党风党纪教育的良好平台。传承红色精神，强化党性党风党纪教育效果。充分依靠各级党组织以及纪委、宣传、组织、党校、党史、老促会等单位及部门，在"传"和"承"上做文章，持之以恒、毫不动摇的强化党性党风党纪教育。

党的群众路线教育实践活动生动课堂。第二批党的群众路线教育实践活动开展以来，祥云县充分运用"红色传承"教学基地红色文化资源，注重将历史的学习与现实的实践相结合，在红色文化的学习过程中深化对党的群众路线的教育和体验。据统计，活动开展以来，大理州共有190个单位，4980名党员干部到"红色传承"教学基地开展了党性教育活动。活动中，各级党员领导干部紧紧围绕群众路线教育实践活动三个环节，本着就近方便、节俭有效的原则，带头到"红色传承"现场教学基地参观学习，通过看图片、实物、宣传片及听讲解，追忆王德三、王复生烈士投身革命的光辉岁月和坚定忠诚的革命先驱形象，以及中国优秀村官、全国劳动模范普发兴可歌可泣的感人事迹；感受"信念坚定、对党忠诚，牢记宗旨、一心为民，胸怀大局、恪尽职守，严于律己、大公无私"的红色精神；感知党在革命、建设过程中与人民群众的鱼水深情，领会群众路线在党的建设发展中的重要作用，从根本上提高思想认识，强化群众观点。

"红色传承"现场教学基地让广大党员干部在丰富生动的实践体验中感受"红色"精神，深刻领会党的群众路线教育实践活动现实意义，并将其内化为自我需要和自觉行动，进一步激发干事创业的热情和艰苦奋斗的精神；以革命英烈和先进模范为标杆，查找自身不足，剖析问题根源，进一步激发党员领导干部核心意识、政治意识、大局意识和看齐意识，坚决遏制"四风"的滋生蔓延。

（二）弘扬红色文化培育社会主义核心价值观

红色文化作为社会主义先进文化的重要组成部分，是培育社会主义核心价值观的根脉源泉和精神基因。云南省祥云县历史悠久，文化灿烂，人杰地灵，拥有丰富的红色旅游资源，既是云南革命先驱王复生、王德三、王孝达三英烈的故乡，又是红军万里长征经过和战斗过的地方，还是滇桂黔边纵队第八支队的诞生地、指挥中心和重要作战区域。在新的历史时期，祥云县涌现出了"全国优秀村官"普发兴。近年来，祥云县依托县内丰富厚重的红色文化资源，把红色文化融入社会主义核心价值观培育过程中，探索一条行之有效的社会主义核心价值观培育实践路径。

第一，发挥红色文化现场教学基地的功能。

社会主义核心价值观与红色文化一脉相承。红色文化具有最广泛、最基本、最具活力的群众认同基础，是最生动、最鲜活、最有说服力的革命传统教材。因此，在培育和践行社会主义核心价值观的实践中，必须深刻把握红色文化的时代特征，深刻理解红色文化的核心和灵魂，使红色文化成为时代主流。王德三、王复生烈士故居和普发兴先进事迹陈列室，被命名为云南省、大理白族自治州、祥云县党员干部党性教育基地及祥云县党员干部勤廉教育基地，成为广大党员干部接受勤廉教育、加强党性锻炼的重要场所，广大群众培养廉洁意识、弘扬清风正气的重要阵地。

祥云县依靠各级党组织以及宣传、组织、党校及老区建设促进会等部门和单位，在"传"和"承"上做文章，持之以恒、毫不动摇地强化和坚持传承红色文化[①]。一是将王德三、王复生烈士故居和普发兴先进事迹陈列室合并为祥云县红色传承现场教学基地。组建祥云县红色传承现场教学基地管理中心，聘请专职讲解员，编写能充分体现祥云县红色文化的解说词，并在后续的教学实践中不断加以提炼、修改和完善。优化教学方法，规范教学行为，采取集中授课、现场演练、参观学习、交流讨论等形式，将文字、图片、实物的陈列和讲解员的现场讲解以及声、光、电的相互搭配融为一体，形成多方位相互配合，增强

---

① 钱雪莲. 传承红色文化 推进社会主义核心价值观教育 [N]. 大理日报，2016-06-04.

红色文化现场教学的体验性和感染力。祥云县红色传承现场教学基地建成以来，接待了来自县内外的参观学习团队 2793 场、65087 人。二是成立了以"传播马列主义、唱响中国特色、弘扬革命传统、践行祥云精神"为主旨的"播火先锋宣讲团"①，不断增强宣讲活动的针对性和实效性。采用群众喜闻乐见、易于接受的方式方法，及时深入广泛地将祥云革命历史和红色文化向广大群众进行宣传，用群众语言讲群众身边事例，让群众通过直观的感受，更加深刻地理解祥云县的红色精神。

第二，加大对红色文化旅游景点建设的投入。

发展红色旅游是培育和践行社会主义核心价值观最直观、最有效的载体和手段。祥云县是中共大理州委、州政府列为革命老区开发建设的试点县。近年来，祥云县抓住机遇，加大资金投入力度，不断加快革命老区开发步伐，形成王复生、王德三烈士故居和全国优秀村官普发兴先进事迹陈列室、中国工农红军二军团过祥云指挥部旧址"将军第"、边纵第八支队遗址等红色文化景点。通过发展红色旅游做大做好红色文化旅游这篇大文章，推动红色文化价值从文化系统"内循环"扩大到市场的"大循环"之中。一是完成革命老区白墙工程和以红色文化为主题的墙体文化展示，加大整治环境力度，对环境进行绿化、美化和亮化，做好红色旅游的宣传标语、标牌、宣传栏宣传内容的布展工作。二是投资 1193 万元，改造祥云县红色传承现场教学基地。对王复生、王德三烈士故居进行修缮，新建红色传承教育馆，改造普发兴先进事迹陈列室，同时，对烈士故居所在地的环境进行绿化、美化和亮化。三是依托云南驿独特的历史文化资源，在云南驿维修改造了马帮文化博物馆和二战中印缅交通史纪念馆。四是修建边纵第八支队纪念碑暨李鉴洲普兆三陵墓，新建边纵队第八支队和祥云人民武装斗争事迹纪念馆。五是修缮王孝达烈士故居、红二军团指挥部等革命遗址。通过加大对红色旅游景点的投入，使红色旅游成为培育和践行社会主义核心价值观的有效方式，使干部群众自觉将社会主义核心价值观内化于心，外化于行。

---

① 刘瑾. 乡村振兴视角下红色文化的传承与振兴——以祥云县红色文化与传承为例 [J]. 大东方，2019（10）.

第三，拓展红色文化传播的渠道和空间。

作为积累知识、传承文明、传播文化的红色经典，是最有活力、最现实的载体，是传承正确历史观、民族观、国家观、文化观的主阵地。祥云县在培育和践行社会主义核心价值观的实践中，唱响主旋律，提振精气神，充分发挥红色经典引领时代风气的作用。一是拍摄典型电影。通过电影《村官普发兴》的拍摄放映，使好村官普发兴成了全国家喻户晓的新时代先进典型，提升了祥云县红色文化的影响力。二是制作电教片。以祥云县红色文化为背景，拍摄制作了《火炬不熄》《全国优秀村官普发兴》等多部教学宣传片，全方位再现了王德三、王复生烈士和普发兴同志的奋斗历程和感人事迹，让观看的干部群众身临其境地感知、感受红色文化。三是编印出版红色题材书籍。先后编印《祥云三英烈》《红军长征过祥云》《革命先驱赵适然》《滇西游击队之鹰》《风雨征程录》《彩云飞扬》《红色记忆》等书籍，创办《红色祥云》《传承》期刊，编辑出版《革命老区——祥云》画册，在《祥云文化》《祥云时讯》和祥云社科等报刊媒体推出传承红色文化、践行社会主义核心价值观的相关稿件，从不同角度展示祥云县的革命历史和革命先辈精神风采。四是编印宣传画册。针对王德三、王复生烈士和普发兴同志所处的不同时代背景，他们的先进事迹相互有别的实际，将他们奉献革命、奉献社会的感人事迹和所表现的红色精神进行整理提炼融合，并配图装帧成图文并茂的宣传画册提供给前来学习的党员和群众，通过铸造红色经典，展现了红色文化的无穷魅力。

第四，开展丰富多彩的红色文化实践活动。

红色文化的产生、发展和传承，寻根溯源，就在红色情结。红色情结是培育和践行社会主义核心价值观的民族因子。祥云县通过开展形式多样、内容鲜活、载体丰富的红色文化进乡村、进社区、进企业、进校园等活动，促进干部群众培育红色情结。一是由中共祥云县委、大理州文联联合举办以反映王复生、王德三烈士的生平事迹、成长经历、历史功绩和崇高精神为目的而开展"王复生、王德三烈士故居和红色传承教育馆楹联"征集的活动，为故居红色旅游区增添了一道亮丽的风景。二是每年"七一"建党节组织"红色祥云"文艺演出。三是各机关企事业单位积极组织重走红军长征路活动。四是每年清明节组织各族群众、学生到烈士陵园通过敬献花圈、行鞠躬礼、瞻仰革命烈士纪念碑等活动，深切缅怀革命先烈的丰功伟绩，表达对革命先烈的诚挚敬意和深深怀念。通过组织贴近实际、贴近生活、贴近群众的丰富多样活动，搭建了培育和践行社会主义核心价值观的红色平台。

五、青年一代弘扬红色文化的使命与担当——以祥云李红波的探索为例

党的十九大报告指出，青年兴则国家兴，青年强则国家强。青年一代有理想、有本领、有担当，国家就有前途，民族就有希望。中国梦是历史的、现实的，也是未来的；是我们这一代的，更是青年一代的。中华民族伟大复兴的中国梦终将在一代代青年的接力奋斗中变为现实。大理州祥云县的李红波就是将理想化为实际行动的青年之一，他的事业与人生理想跟红色文化结下了不解之缘。

祥云县刘厂镇青年企业家李红波一直对乡土有着深深的眷恋，在爷爷的影响下，有了传播红色文化的想法。他爷爷是一名失散老红军，自李红波懂事以来便给他讲红军的故事和革命道理，使他对红色文化传承产生了情感共鸣，从而做出了一件令人刮目相看的大事情。

针对祥云红色文化资源丰富、分布广泛、底蕴深厚的特点，李红波把握红色文化传承的规律，促进红色旅游的快速、健康发展，用多年来积攒下来的资金，在祥云县刘厂镇王府山承包了上百亩杂草丛生的荒芜山地创办鑫海庄园，并在此建起了展示红色文化的实物景观，将红色历史文化展现给乡亲。

"红色文化是中华民族优秀传统文化与社会主义核心价值观的重要内容，是进行理想信念教育的宝贵财富，也是开发红色旅游的重要资源。"云南省大理白族自治州祥云县刘厂镇刘厂村农村青年李红波谈到与红色文化有着解不开的情结时，深情地说，为了让乡亲们了解红军长征过祥云的历史，让"红色雨露"流进了乡亲的心田，滋润乡亲们的心灵，将自己多年在商海打拼淘得的"第一桶金"全部投资到了乡村红色文化的传承之中，重现了红军长征过祥云的场景，使乡亲们前来参观学习红色传统文化，接受革命传统教育。

1936 年 4 月中旬，中国工农红军第二、第六军团，长征途中经过祥云。红军进入祥云县城后，城北的"将军第"成为红二、六军团的指挥部。"将军第"是祥云县城始建于清代的古民居建筑，历尽风霜，"将军第"仍保持着当年的风

貌，在门头下边挂着一块写着"中国工农红军二军团指挥部旧址"的牌子，更是分外惹人注目，驻足观看，顿然心生崇敬，激发着人们继承红军精神，弘扬红色文化。

李红波投入上百万元资金，仿照祥云县城的"将军第"，在自己建在荒山上的庄园里建盖了红军长征过祥云时的红二军团指挥部，还在这里建起了红军纪念馆、红军路、城墙和城门洞等实物，将当年红军过祥云时攻打和进驻县城的场景展示出来，用实物展现和传播红色文化，起到了传承革命精神、弘扬红色文化的作用，产生了强烈的社会反响，受到广大群众的欢迎。在祥云城乡，人们对李红波此举表示赞赏。

在纪念红军长征 80 周年之际，祥云县乡间的基层群众怀着十分崇敬的心情，到祥云鑫海庄园瞻仰"红军过祥云纪念馆"，在馆内的图片和实物前，详细了解红军长征过祥云的过程，边看边进行史实回顾交流，用心用情去感受红军精神、弘扬红色文化。参观过的旅客多数表示，红军长征过祥云所凝聚和体现出来的"坚定信念、百折不挠、勇于开拓、敢为人先"的长征精神，是中国共产党人极其宝贵的精神财富，将永远鼓舞和激励着广大干部群众战胜一切艰难险阻，打赢脱贫攻坚这场硬战。同时，也希望更多的人来这里缅怀革命先辈，传承革命精神，弘扬红色文化，推动社会健康发展。当得知做出这一壮举的仅是一个 40 岁出头的年轻人时，旅客们更是赞叹不已。这是在大理州红色文化发展的探索中催人奋进的一个典型事例，从中也寄予青年一代要担负起弘扬革命精神、传承红色文化、助推红色文化发展的使命。

六、新时代大理州传承与弘扬红色文化的可行性路径

当前增强文化自信，必须明确红色文化在文化自信中的突出地位，保持红色文化的良性发展。该项目结合文化生态视角的分析方法，探索大理州红色文化传承与弘扬的新路径。

（一）构建红色文化系统发展区域群，凸显文化生态系统整体协调性

文化生态系统是一个整体的体系，是人类在长期社会活动中形成的复合生态系统，内在构成部分各占据独特地位，发挥作用各有不同，只有相互之间的结构和功能协调一致，方可稳定发展。形成整体规划的红色文化生态发展区域，

积极打造被人们深切认同并有广泛影响的红色文化发展平台，对文化自信的树立有巩固稳定之效，也让人们的思想更加坚定。红色文化生态发展区域的建立，需要充分尊重其中主要构成的文化种群，充分挖掘各种红色文化资源。

文化自信是需要建立的文化目标，是整体性的蓝图。运用系统的观点来分析观察，需要整体文化环境的优化，各要素文化要独立自信地发展起来。在文化自信背景下追求文化种群需求平衡发展，应该主动弘扬红色革命文化，唱响主旋律。红色文化是诸多要素中的主要因素，抓问题的主要矛盾，就要重视红色文化的有效发展。① 人类现在已认识到对自然界过度开发而不注意保护造成的水土资源流失、空气雾霾污染、生态系统失衡等一系列严重破坏环境的后果。文化生态系统的环境恶化和对红色文化保护不力，文化系统的平衡性就会遭到破坏，况且红色文化是特定时期的宝贵历史印记，遭到破坏后将是不可逆转和不可修复的。当前新兴文化思潮不断涌现，红色文化作为特定革命历史时期的产物，就遭到是否还需要开发、发展的质疑。文化要自信，对红色文化的保护和发展是加强底蕴的重要环节，务必要加大整体性的规划发展力度，建设新的发展平台，提供持续发展的环境。

大理州应该率先统筹规划红色文化的发展，巩固文化自信的根基，站好文化自信第一岗。当前大理州红色文化各种层面不仅资源统计掌握得不够全面，而且各方面的红色文化没有形成发展区域优势。大理州红色文化建设主要集中在以祥云、宾川、鹤庆为中心的红军长征过大理的县域。这些红色区主要以红军驻扎地遗存为建设重点，并以旅游区的建设目标进行规划。

在长期的革命斗争实践中，大理与众不同的地理和人文环境，造就了丰富的红色文化资源。大理红色文化资源不仅有物质层面的，还有精神和制度层面的。红军长征过大理时期，留下大量红色基地，据此建立红二、六军团指挥部和驻扎地等重要馆址。大理州红色精神文化的内容主要有贴近群众生活的标语口号、歌谣、革命故事和新近创作的舞台剧等等。构建新的发展平台开发，将红色革命纪念旧址作为引领，联动相关的制度和精神文化，构建全方位多层次的红色文化发展区域群。加快促成形成红色文化系统全面保护和整体开发的意

---

① 林雅华. 中国共产党的文化自信［N］. 中国青年报，2020-07-01.

识，不能过度开发实体纪念遗址，而不注意对红色文化作为精神层面的遗产进行传播。文化对于人精神气质的影响，是潜移默化的。大理州红色文化要建成文化区域发展群，让区域内辐射范围的原住民在日常的行为中对红色文化的歌谣、舞蹈、民间故事等有持续的传承，也能透过居民行为日常体现红色文化底蕴，凸显红色文化的社会公平、无私奉献和团结互助等理念精髓，提升文化对人思想洗礼的价值。

（二）发展红色文化引领文化生态系统良性发展

文化在传承进程中有局部的创新，同化和异化并存于其中，文化自我调整以适应变化的社会环境。文化是具有遗传变异性的，并非完全的复制。遗传变异会生成促进文化发展的要素，也会在吸收外来文化的过程中产生病变。各种文化形式之间、文化和自然环境之间都有着相互作用，这种相互的作用力会促使文化随着社会变迁而变迁。文化自信是我国文化的主要潮流，是文化发展追求的目标，为我国文化系统寻觅正确的方向。在文化自信的基础性导向下，文化生态系统才能抵御诸如普世价值观、历史虚无主义等的侵袭，保持系统内部文化种群的蓬勃发展。红色文化系统若受外来不良因素的影响，自身又缺少健全的文化防范机制，就极容易受破坏以至系统失去平衡状态。

大理文化具有多元化、包容性的特征，主要是大理独特的地理位置使得大理文化在历史文化传承的源流具有多元性，融合中华优秀传统文化、少数民族文化、边疆地域文化等诸多元素，成为一个包含多层次、多方面内容的动态文化系统，各种文化种群繁荣发展，彼此依赖共存。大理州红色文化的变迁是一个渐行不息的历史进程，有对传统文化的扬弃，也有吸收外来文化的优势发展自身。大理州红色文化在中国共产党建立初期就已经孕育，在新民主主义革命时期不断的发展并传承至今，虽然内在的文化精华还保留，但经过时空洗磨之后，大理州红色文化也必然发生变化，有着变异性。

在大理州红色文化开发中，把握文化发展动态过程，要注意观测文化内部要素的细微变化，这些变化极有可能会引发整个红色文化系统的剧变。在文化自信的建设目标上，大理州红色文化要进一步升华，密切联系群众，对文化合乎发展规律地进行选择、取舍、优化和改造，更新思想观念，扩大已有的红色物质文化影响力，改造当前红色文化影响途径，形成新的发展规模。

大理州红色文化丰富多样，相关部门已经开展对红色文化的保护和开发工作，形成相对有序和系统的发展。当前已发展宾川、祥云、剑川等红色文化规划点，但整体而言，规划发展的地域范围狭小，往往只是对革命时期的文化精神简单解读研究和物质遗址的简单修复，展示手段单一，静态的、参观性的文化形态机械重复，动态的、参与性的文化形态较少，往往都是"一张桌子一条凳，两块床板一盏灯"的展现，没有从其他方面体现红色文化蕴含的深厚的底蕴。红色文化发展形态单一，缺少信息创新技术的运用和管理，没有根据现如今文化发展变迁的需要，做出现代性的解读，没有联系当今时代需要和学术、精神、思想等做出更为深入的研究。整体的发展规划目标模糊，发展视野局限于系统的红色文化，文化集约化发展程度低，缺少骨干性的、有影响力的文化品牌，没有充分领会特定地区红色文化精品，以及发展的可行性和优势之处打造出独特的文化发展品牌，营造与众不同却符合当地文化需求的地方红色文化发展局面。大理州红色文化有建设成果突出的案例，如重点打造大理州红色文化资源中的品牌"重走长征路""红色传承基地"等。立足文化自信，多方观察红色文化的现实动态，利用自身文化优势增强文化现实影响，方可形成切实有效的文化防范机制，抵制不良外来文化对红色优良文化的腐蚀，危害青年一代思想的健康发展，显示文化自信现实依靠。

（三）凸显红色文化优势，提升文化生态优势种群的影响力

文化生态领域中各种文化种群相互影响，不是所有文化种群都能占据主导地位，总有能够决定整个文化生态系统性质和发展方向的优势文化种群。

在我国革命斗争时期，红色文化作为符合人民群众利益的先进文化，反映群众的普遍愿望和基本价值诉求，在特定时期凝聚人心，团结一切先进的革命力量，成为革命中的一把利刃，是革命成功的重要文化武器。习近平总书记指出："文化自信，是更基础、更广泛、更深厚的自信。①"文化自信的底气来源于红色基因，我国革命斗争中产生的红色文化在现今时代仍展现出顽强的生命力和穿透力，引领社会前进以及价值观的建构，深刻影响我国思想文化发展，红色文化是引领方向、坚定信念的文化，是文化精华。文化自信不是保持自我

---

① 习近平. 在哲学社会科学工作座谈会上的讲话［N］. 人民日报，2016-05-19（01）.

文化的独尊，排除一切其他外来的文化，而是对外来异质文化持包容心态，这同样是文化自信意识的体现。世界异质文化交流碰撞是不可避免的现实，是文化发展必然的趋势，我国文化是一个整体的文化系统，而世界文化就是一个更为广大的文化系统，文化种群之间相互影响制约是必然的。文化的交流激荡如此频繁，越是自信的文化就越能用积极的心态去看待外来文化，努力吸收外来文化精华，融合百家文化优势，弥补自身文化发展不足。在此文化背景下，红色文化作为我国文化的优势种群，承担引领文化方向的重任，为我国文化发展导航。我们要掌握正确的文化发展趋势，在吸收外来文化过程中保持我国文化性质。

在苍洱大地上，积淀着丰厚的文化土壤：中华优秀传统文化、少数民族文化、红色文化、马帮文化、宗教文化、侨乡文化等，充分显示了大理文化多元、包容、进步、开放的特征。多种文化都在大理人民中留下烙印，因此，红色文化的主导地位更要突出，在纷繁的文化生态环境中给大理人民提供文化的指引。但在大理州文化发展规划中，没有突出红色文化优势种群的文化位置，也没能让人体会到大理州红色文化在新时代中国特色社会主义文化建设中不可取代的位置，发展的过程缺少文化自信，原本深厚的文化底蕴缺乏深度传承和挖掘。社会在转型，经济发展环境变化莫测，全球开放性经济对文化的影响使得文化的发展道路十分崎岖，而奏响红色文化主旋律，运用红色文化调节文化系统中的不良发展因素，增强自身文化系统抵抗能力，才能消减系统开放带来的负面文化影响。

七、大理州利用红色文化资源中应注意的问题

（一）不能忽视红色文化的本质作用

在当今市场经济的洪流下，人们更重视对经济效益的追求而忽略精神上的追求。红色文化的开发利用的确能带来极大的经济效益，但是开发利用红色文化的前提和保证是不能忽视红色文化的本质———即本身的精神价值和教育功能。经济效益是我们对红色文化开发利用所带来的附加值，不是我们的根本追求，千万不能本末倒置。

（二）保护为第一要务，杜绝过度开发

众所周知，红色资源作为一种不可再生的文化资源，如果不进行合理规划和规范建设的话，将会导致一些重要的革命遗址被严重破坏，也会导致具有重大价值的红色文化资源濒临消失。尤其是那些位于落后山区、乡村的革命遗址，由于各种原因，也存在着不能保持原貌或是破旧坍塌的现状，这些都要求我们必须把保护作为第一要务。在保护的前提下，对红色文化的开发利用应适度，过度开发红色文化会导致对红色文化遗址的破坏，这样红色文化对人民的熏陶和影响效果也会减退。

（三）不能破坏生态环境，影响和谐

在对红色文化，尤其是红色旅游进行开发利用时，经常将红色旅游与自然风光、绿色生态、历史建筑等相结合，虽然这样的方式能够满足不同旅游者多元化的需求，但是要避免有的开发商打着红色旅游的幌子，大肆兴建现代化别墅，搞休闲度假村，偏离了开发的初衷和教育的目的。除此之外，自然风光、绿色生态有时候会被素质不高的旅游者不同程度地破坏，所以在进行开发的过程中，要提前进行破坏的预防，努力把对自然风光和绿色生态被破坏的程度降到最小，保证和谐。

（四）不能忽视对红色文化典籍的收集和整理工作

红色历史随着时间的推移，其参与者、亲历者和见证者越来越少，口耳相传的传承模式会逐渐被淘汰。想要将红色文化发扬光大，世代相承，就必要做好红色文化典籍的收集与整理。这就要求相关的工作人员和研究工作者通过实地田野调查、查阅文献、征集文物等各种方式，收集与红色革命历史文化相关的各种文献资料，走访参与者、亲历者和见证者，整理回忆录，同时，充分利用政府、地方高校和相关社会组织协调合作的模式，最大程度地记录真实的红色文化。

八、结语

红色文化担负着弘扬民族精神和时代精神的重任。如今正值红色文化的学习、宣传与研究的高峰时期，因此，根据时代发展要求着眼于调查大理地区红色文化的记忆与传承，记录并开发这些珍贵的史实资料。这样能使大理的区域历史形象更为完整，不再停留于简单的"历史文化名城""魅力旅游城市"等固有名号，而是更贴近如今人们的生活，从而用以牢记历史的方式，珍爱和平，更能使红色文化的价值内涵在地区内得到全方位的开发。

区域红色文化是一种独特的综合性资源，它具有独特性、多样性、稀缺性和文化性等多种特性，而在这样的特性下，红色文化又分为物质性红色文化遗产和非物质红色文化遗产。因此对于大理而言，如何能将大理地区丰富的红色文化遗产资源贴上独特的"大理标签"，然后把这些红色文化资源有效地利用和开发起来就成了一个重要课题。这并不是说建立了几个爱国主义教育基地，保存了几个物质型红色文化遗产或者读几本红军时期书籍就能简单完成的。要将红色文化切实地糅合进大理地区试图塑造的独特的区域形象，不能单一的只搞好表面的工作，它需要的是在确实理解红色文化内涵后的多管齐下的全面开发。

综上所述，如今大理地区区域形象正面临一次大的变革，在这个区域形象塑造的关键时期，切合时代发展地注入一抹红色文化，正当时。宝贵丰富的红色文化资源可以使大理地区的区域形象更加丰满，也能提升大理地区的政治、文化以及经济软实力。但这不是简单地凭借几个口号就能完成的，它需要全面的、更进一步的开发和探索，要将红色文化融入大理地区的特性中去，定位出大理地区独特的红色文化区域形象，展现大理地区独特的区域性格，力求构建一个新时代大理文化新形象。

参考文献

［1］《中华人民共和国学校思想政治理论课重要文献选编》编写组编．中华人民共和国学校思想政治理论课重要文献选编 上［M］．北京：人民出版社，2022．

［2］《中华人民共和国学校思想政治理论课重要文献选编》编写组编．中华人民共和国学校思想政治理论课重要文献选编 下［M］．北京：人民出版社，2022．

［3］王新华，齐凯君．守正创新 改革开放40年高校思想政治理论课建设经验研究［M］．秦皇岛：燕山大学出版社，2021．

［4］王仕民，吴晓斐．新时代高校思想政治理论课前沿问题研究［M］．广州：暨南大学出版社，2021．

［5］王红阳著．高校思想政治理论课实践教学创新研究［M］．北京：经济管理出版社，2020．

［6］王小元．新时代高校思想政治理论课教学效果提升研究［M］．长沙：中南大学出版社，2019．

［7］孙武安．高校思想政治理论课教学质量提升研究［M］．杭州：浙江工商大学出版社，2022．

［8］朱汉辰．新时代高校思想政治理论课教学研究［M］．延吉：延边大学出版社，2022．

［9］刘宝杰，杨世宏．高校思想政治理论课实践教学 理论与实践［M］．北京：光明日报出版社，2021．

［10］吕小亮．新时代高校思想政治理论课教学改革探索［M］．上海：上

海大学出版社，2020.

　　［11］刘素娜，周江平．改革开发以来思想政治理论课教学方法研究［M］．湘潭：湘潭大学出版社，2020.

　　［12］刘荣，苏丽杰．思想政治理论课实践教学研究［M］．昆明：云南大学出版社，2020.

　　［13］李洁作．社会主义核心价值观融入高校思想政治理论课教学研究［M］．北京：人民出版社，2022.

　　［14］李正兴，左功叶．传承红色基因的高校思想政治理论课教学改革研究［M］．北京：新华出版社，2022.

　　［15］李东清．地方特色资源融入高校思想政治理论课的实践教学问题研究［M］．徐州：中国矿业大学出版社，2020.

　　［16］陈红英．知行果统一 增强高校思想政治理论课实效性研究［M］．北京：中国农业出版社，2022.

　　［17］金文斌，方伟，崔龙健．红色文化融入高校思想政治理论课教学研究 以中国近现代史纲要课为例［M］．安徽师范大学出版社有限责任公司，2021.

　　［18］唐荣．高校思想政治理论课教学方法创新研究［M］．成都：西南财经大学出版社，2021.

　　［19］崔锁江．中华优秀传统文化融入高校思想政治理论课研究［M］．芜湖：安徽师范大学出版社，2021.

　　［20］傅畅梅，曲洪波，赵冰梅．课程思政建设背景下思想政治理论课实践教学研究［M］．沈阳：东北大学出版社，2020.

　　［21］彭付芝．新中国成立70年高校思想政治理论课建设［M］．北京：知识产权出版社，2019.

　　［22］蒲丽霞．高校思想政治理论课话语体系建设研究［M］．北京：人民日报出版社，2022.

　　［23］王哲．立足"四史"强化思政课教学的感性支撑力［J］．思想理论教育导刊，2022（3）.

　　［24］卢蔡，程世利，杨波．红色文化资源融入高校思政育人体系研究［J］．学校党建与思想教育，2022（22）.

[25] 刘同舫.高校思想政治理论课的功能及其实现 [J].思想理论教育导刊,2021（12）.

[26] 刘新刚,裴振磊.高校思想政治理论课建设、改革和创新的规律性认识和成功经验 [J].思想理论教育导刊,2020（8）.

[27] 李仙娥."大思政课"视域下高校思政课实践育人模式的构建论析 [J].思想理论教育导刊,2022（1）.

[28] 吴潜涛,潘一坡.党的十八大以来学校思政课建设的创新发展 [J].思想理论教育导刊,2022（7）.

[29] 苏淼,李琦,冯留建.虚拟仿真技术在高校思想政治理论课教学中的应用 [J].学校党建与思想教育,2022（21）.

[30] 岳潇,卢黎歌.善用"大思政课"推进新时代思政课改革创新 [J].学校党建与思想教育,2022（24）.

[31] 顾海良.深入学习党的二十大报告,把握高校思政课发展新境界新要求 [J].思想理论教育导刊,2022（11）.

[32] 徐先艳.新时代高校思政课建设内涵式发展的理论意蕴和实践要求 [J].学校党建与思想教育,2021（23）.

[33] 黄蓉生,石海君.党史学习教育融入高校思想政治理论课的多维论析 [J].思想理论教育导刊,2021（9）.

[34] 窦秉慈.红色故事:思政课高质量发展的鲜活教材 [J].思想理论教育导刊,2022（12）.

[35] 熊晓琳.多维并举 不断加强思想政治理论课建设 [J].北京教育（德育）,2017（C1）.

[36] 王子莲.地方红色文化在大理高校思想政治理论课教学中的运用研究 [D].大理大学.2021.

[37] 王悦."八个相统一"视域下新时代高校思想政治理论课教学研究 [D].云南师范大学.2021.

[38] 冯冰洁.新时代云南省大学生思想政治理论课获得感研究 [D].云南大学.2021.

[39] 张艳.云南高校思想政治理论课实践教学存在问题及解决对策研究

［D］．云南师范大学．2021.

［40］张艳丽．大学生思想政治理论课获得感研究［D］．华中师范大学．2019.

［41］谭亚丽．高校思想政治理论课实践教学模式创新研究——以"学生骨干宣讲法"实践教学模式为例［D］．大理大学．2021.